D0915556

Nous ne mourons jamais

La vie après la mort : la vérité

Bernard Jakoby

Nous ne mourons jamais

La vie après la mort : la vérité

Traduit de l'allemand par Jean-Louis Clauzier

ÉDITIONS FRANCE LOISIRS

Cet ouvrage a été publié sous le titre original :
WIR STERBEN NIE
Par Nymphenburger, Munich, 2007

Édition du Club France Loisirs,
avec l'autorisation des Éditions Alcina.

Éditions France Loisirs,
123, boulevard de Grenelle, Paris.
www.franceloisirs.com

Copyright 2007, Nymphenburger in der F. A. Herbig Verlagsbuchhand-
lung GmbH, München, Allemagne.
Copyright 2008, Mémoire du Livre – Alcina pour la traduction française
ISBN : 978-2-298-02459-3

INTRODUCTION

Vouloir écrire un livre sur l'au-delà constitue une entreprise hardie : en effet, la plupart des hommes n'arrivent pas à se représenter qu'il existe une vie après la mort. L'idée la plus répandue à ce sujet est que nul n'est encore revenu du royaume des morts et que par conséquent l'homme ne peut rien en savoir. Les plus grands philosophes de l'histoire du monde et une multitude de théologiens se sont querellés en vain jusqu'à ce jour à propos d'une réponse universellement valable à la question de la vie après la mort et sur la manière dont l'homme peut se représenter celle-ci.

Les deux guerres mondiales du XXᵉ siècle, l'anéantissement de masse de millions de personnes, notamment par les camps de concentration, et l'utilisation de la bombe atomique à Hiroshima ont provoqué des souffrances inimaginables. De nos jours encore, des guerres sans fin dans maintes régions du monde et des persécutions violentes créent sans cesse des spirales de violences nouvelles. Tout cela a amené nombre de personnes à douter de l'existence de Dieu et à se demander pourquoi Il permet le meurtre et la terreur à une telle échelle. Sur cette toile de fond, la question de l'au-delà apparaît comme une illusion volontaire que l'on se crée pour se détourner de l'apparente absurdité de l'existence humaine.

Pourtant, le constat suivant demeure : les indices de la réalité de la vie après la mort, patiemment accumulés depuis quarante ans par les études sur le sujet, l'emportent aujourd'hui largement sur l'hypothèse qu'avec la mort tout est fini.

Indépendamment des diverses sources contenant des témoignages sur la réalité de l'au-delà, l'histoire mondiale est parcourue par un fil rouge qui nous indique que la vie se poursuit après la mort.

En tant que thanatologue, c'est-à-dire chercheur spécialisé sur la mort, je me situe dans la tradition de l'expérience réelle et empirique, vécue par des hommes aux abords de la mort, telle qu'elle a été transmise à travers les millénaires, dans toutes les cultures et religions.

La thanatologie moderne fait partie des sciences parapsychologiques qui se sont répandues à partir de l'Angleterre et de l'Amérique au début du XIXe siècle. À côté de cela, on trouve, à toutes les époques, des récits de personnes racontant leur expérience qui dépasse l'existence corporelle. Face à la diversité inextricable des documents et des sources, on peut ici seulement tenter de tracer un fil conducteur des connaissances actuelles sur l'autre monde. Le lecteur est donc invité à vérifier avec esprit critique les thèses et les sources présentées.

Si ce livre peut aider les lecteurs à découvrir, autour d'eux, des phénomènes de rencontres avec des défunts ou des expériences suprasensorielles qui confirment ce qui est affirmé ici, ou si certains lecteurs parviennent à clarifier leur propre expérience, mon objectif sera atteint.

Par mon travail dans des séminaires et des conférences, je sais que bien des gens n'échangent leurs expériences personnelles que lorsqu'ils se trouvent dans un cadre protégé. En même temps, il apparaît de plus en plus clairement qu'un nombre extraordinaire de personnes ont vécu des expériences avec l'autre dimension de l'être – bien plus qu'on ne le suppose en général. J'aimerais vous inciter à franchir le pas et à partager vos expériences sur l'au-delà.

La mort et ce qui vient après sont les grands tabous de notre époque, et il est effrayant de constater le peu que les hommes savent sur ce qui se passe précisément au moment de la mort. J'ai consacré les vingt dernières années de ma vie à l'exploration intensive de l'expérience de mort imminente (EMI). Les EMI, ou expériences de mort approchée, sont des expériences extracorporelles que certaines personnes vivent durant des périodes de mort clinique. Pour comprendre ces expériences, il est essentiel de savoir que leurs principaux traits (expérience extracorporelle, tunnel, lumière, vision du défilement de la vie) correspondent aux phénomènes qui surviennent au cours du processus de décès. La connaissance des événements qui se produisent lors du passage dans l'autre monde, tels qu'ils sont décrits par les personnes ayant vécu une EMI, peut nous aider à accompagner les mourants avec amour et dignité. En accompagnant une personne vers la mort, nous pouvons nous rendre compte personnellement que la mort n'est qu'une transition, un passage vers une autre forme de l'être. De plus, de nombreuses EMI actuelles nous donnent des aperçus très profonds du monde de l'au-delà. Ce point sera exploré plus précisément dans les pages qui suivent.

Les millions de contacts *post mortem* attestent que nous ne sommes pas séparés des morts, et que le voile qui nous sépare d'eux et de l'autre monde peut parfois devenir transparent. Parmi ces contacts, il faut compter les rencontres spontanées avec les morts, qui se manifestent par des apparitions, par un invincible sentiment de présence, des perceptions d'odeurs, des signes électriques ou d'autres phénomènes encore. Bien qu'elles soient très fréquentes, ces expériences restent un sujet tabou : la plupart des gens n'osent pas parler, de peur d'être pris pour des fous. Les contacts *post mortem* montrent que notre vie ne s'achève pas avec la mort et que nous pouvons revoir nos proches décédés. Par ailleurs, certaines personnes découvrent brièvement l'autre monde au travers d'expériences extracorporelles réalisées pendant la phase de sommeil.

Au cours des dix dernières années, des thérapeutes américains et anglais renommés, spécialisés dans la régression hypnotique, ont découvert qu'il était possible, en hypnotisant leurs patients, de les ramener dans une vie intermédiaire entre deux vies terrestres, c'est-à-dire dans ce qu'on appelle l'au-delà. Les témoignages de ces patients coïncident de manière étonnante avec les descriptions d'expériences suprasensibles vécues lors d'EMI. Les connaissances sur l'au-delà que nous transmettent les personnes douées de pouvoirs médiumniques, que ce soit sous la forme du mysticisme, par les contacts avec les morts ou par la voyance, tous ces témoignages nous apportent des informations directes sur le monde spirituel. Examinés avec soin, tous les récits sur l'au-delà montrent une cohérence stupéfiante.

Pourtant, les sources disponibles doivent être examinées attentivement, car elles divergent très fortement en termes de qualité et de contenu des assertions. On ne doit pas oublier qu'il s'agit là de la description d'un état de conscience élargie, auquel l'entendement rationnel n'a pas accès. Tous ces divers témoignages peuvent être ramenés à des expériences de dépassement des limites par l'esprit, expériences qui sont vécues de manière subjective. Le dénominateur commun des sources disponibles est l'expérience d'une vie après la mort : notre vie est alors prise dans le contexte d'un sens spirituel plus large.

Il faut mentionner un autre problème : les visions de l'au-delà ne peuvent être décrites avec des mots humains. En effet, en ce monde terrestre, nous ne disposons pas des conceptions adéquates. Il s'agit, dans ces descriptions, de perceptions suprasensibles et d'une rencontre avec une autre forme de l'être, qui ne nous est pas accessible dans l'état ordinaire de notre conscience. Il s'avère toutefois que les périphrases utilisées pour donner une idée de l'autre monde se ressemblent toutes par les métaphores choisies au fil des millénaires ; ce qui permet de conclure qu'il y a une réalité objective de l'au-delà, et qu'il y a un sens plus profond à notre vie. Par les expériences de l'au-delà, nous pouvons même approcher de l'existence de Dieu et de la

11

possibilité d'en avoir une expérience. Tout cela sera exploré plus précisément dans les pages qui suivent. Je tiens à signaler que tous les récits sont de première main : ils m'ont été adressés personnellement dans des entretiens, des lettres ou des e-mails.

CHAPITRE 1

L'EXPÉRIENCE DE MORT IMMINENTE

a) Les recherches modernes sur la mort

Au XXIe siècle, les EMI sont un phénomène de masse. Le sociologue Hubert Knoblauch a publié en 1999 la première étude sur la structure et la diffusion de ces expériences en Allemagne, dans un ouvrage de référence intitulé *Sociologie de la religion*[1]. Il a prouvé que, sur l'ensemble de la population, 3,5 millions de personnes avaient alors fait une EMI. Depuis lors, les moyens de réanimation se sont très largement perfectionnés, si bien qu'en 2007 ce sont plus de quatre millions de personnes en Allemagne qui ont fait de telles expériences.

Les recherches actuelles sur la mort ont commencé au cours des années 1980, sous l'impulsion d'une femme médecin suisse, Elisabeth Kübler-Ross, qui pendant les années 1960 a eu le courage de s'asseoir auprès des lits des mourants. À cette époque, le décès était un tabou absolu, et la littérature digne de ce

---

1. Knoblauch (Hubert), *Religionssoziologie (Sociologie de la religion)*, Berlin, Walter de Gruyter, 1999.

nom sur le sujet était quasi inexistante. Elle a publié ses observations dans son best-seller mondialement célèbre, *Les Derniers Instants de la vie*[1]. À travers ce livre, les désirs réels des personnes mourantes ont pour la première fois été rendus accessibles au public.

Le psychiatre américain Raymond Moody a fait paraître en 1975 la première grande étude sur les EMI. Son livre *La Vie après la vie* a contribué à faire connaître ces phénomènes dans le monde entier. L'écho formidable suscité par les thèses d'Elisabeth Kübler-Ross et de Raymond Moody sur la continuation de la vie après la mort a conduit des scientifiques du monde entier, de toutes disciplines et toutes cultures confondues, à s'intéresser, indépendamment les uns des autres, aux phénomènes décrits dans ces ouvrages. Ils ont tenté d'expliquer de manière scientifique le secret de la mort et de l'au-delà. Tous ces savants, qu'ils soient physiciens, biologistes, ou autres, pensaient pouvoir contredire les affirmations d'Elisabeth Kübler-Ross et d'autres. Au lieu de cela, il en est résulté une recherche empirique qui a mis en évidence des indices et des signes quasi indéniables d'une vie après la mort, de l'existence de l'âme et de l'au-delà.

---

1. Toutes les citations sont traduites d'après l'ouvrage en allemand ; pour simplifier les recherches du lecteur, nous avons signalé l'édition française quand elle existe et nous avons traduit les titres en français quand la publication en langue française n'existe pas. (*N.d.E.*)

Depuis lors, de nombreuses études scientifiques particulières ont été publiées sur chacun des aspects des EMI. L'un des principaux thèmes de recherche consiste à essayer de découvrir dans quelle mesure les perceptions réalisées au cours d'expériences extracorporelles peuvent être vérifiées. Dans son étude intitulée *Souvenirs de la mort*, parue en 1982, le cardiologue américain Michael Sabom explore les expériences de décès de ses patients au cours d'une opération. Le Dr Sabom a constaté que les indications données sur les expériences vécues hors du corps étaient absolument pertinentes. En 1998, il a présenté le cas de Pam Reynolds, dont le cerveau avait été placé en hypothermie au cours d'une opération. Par la suite, Pam a décrit avec précision les instruments utilisés ainsi que le déroulement des opérations, tandis qu'elle se trouvait hors de son corps dans un tunnel et rencontrait des proches décédés.

Les EMI vécues par des enfants ont confirmé ce que l'on savait déjà, à savoir qu'elles ne présentent pas de différence de contenu avec celles des adultes. Pourtant, on a pu constater que les expériences vécues par les enfants étaient bien plus simples, plus directes et plus pures. Les enfants décrivent la vérité sans filtre : ils n'omettent rien, n'ajoutent rien et ne se perdent pas dans les détails. Ils décrivent simplement ce qu'ils ont vécu, tel que cela s'est produit ; ils ne racontent que ce qu'ils ont vu. Elisabeth Kübler-Ross a publié à ce propos en 1985 un livre intitulé *La Mort et l'Enfant*, qui depuis fait référence et le Dr Melvin Morse a publié sa remarquable étude, *Des enfants dans la lumière de l'au-delà*[1].

Des personnes aveugles de naissance ont pu voir pendant leur voyage extracorporel ; elles ont été capables de reconnaître les couleurs et de décrire des objets. Cela signifie une seule chose : dans l'au-delà, l'âme surmonte les limitations et les handicaps du corps ; elle est toujours entière et en pleine santé. Kenneth Ring, psychiatre américain et fondateur de l'association IANDS (International Association for Near-Death Studies, association internationale pour les études sur la mort approchée), a publié en 1997, en collaboration avec Sharon Cooper, une étude sur les EMI réalisées par des aveugles. Par ailleurs, ces dernières années, les expériences ressenties de manière négative sont également entrées dans le champ des recherches, bien que ces expériences, appelées « expériences infernales », soient en fait très rares. Le médecin Barbara Rommer a publié une étude intitulée *Blessing in Disguise (« La Bénédiction déguisée »)*, dans laquelle elle démontre que même une expérience négative peut transformer positivement la vie des personnes affectées.

L'exploration des processus intérieurs qui se produisent lors de la mort d'un être humain démontre que notre conscience existe indépendamment du corps. L'âme de l'homme est le support extrêmement subtil de l'esprit ; elle est douée de conscience

---

1. Morse (Melvin), *Des enfants dans la lumière de l'au-delà*, Paris, Robert Laffont, 1992.

de soi, y compris lors de la mort clinique. Actuellement, les recherches se focalisent surtout sur les
transformations de la personnalité qui font suite à
une EMI. On voit alors que la peur de la mort disparaît – les témoins savent que l'au-delà est une
réalité. Des images vues simplement en rêve ou des
perceptions sensorielles altérées par la douleur ne
sont pas en mesure de transformer la vie d'un
homme.

Il reste à constater qu'il est en réalité impossible
d'exprimer par des mots ces états modifiés de conscience. Une femme a dit à ce propos :

> « Les mots me manquent à chaque fois. Tout se rame-
> nait toujours à l'expression "calme infini", "paix infi-
> nie" et "profonde tristesse", parce qu'il n'existe sur
> terre aucune expérience comparable[1]. »

La société n'est pas prête à accepter dans toute
leur importance les expériences faites aux confins de
la mort. Les personnes qui ont fait ces expériences se
sentent souvent isolées et sont en butte à l'incompréhension. J'aimerais présenter ici quelques témoignages qui montrent comment les personnes qui
ont vécu ces expériences ressentent cette attitude à
leur égard. Un homme raconte :

---

1. Bieneck (Andreas), Hagedorn (Hans-Bernd), Koll
(Walter) (sous la dir. de), *Ich habe ins Jenseits geblickt. Nahtod-
erfahrung Betroffener und Wege sie zu verstehen (J'ai aperçu l'au-
delà. Les personnes ayant réalisé une expérience de mort imminente
et les moyens de les comprendre)*, Vlunyn, Neukirchener Verlags-
haus, 2006.

« Je n'ai que très peu parlé de mon EMI, et toujours avec une extrême réticence. Celui qui n'a rien vécu de tel ne peut pas le concevoir ; celui qui l'a vécu le comprend sans paroles... Ce à quoi je fais face, c'est une sorte d'incompréhension. Ceci, à quoi s'ajoute l'impossibilité de partager avec les autres ce qui donne sens à ma vie, me donne souvent un sentiment de solitude, comme si je vivais en exil, bien loin de mon propre pays[1]. »

Cet isolement des personnes à l'égard de leurs proches, qui ne peuvent pas ou ne veulent pas saisir l'essence de l'EMI, apparaît ici très nettement. Un homme qui tentait de faire partager son expérience a même été directement rejeté :

« L'autre jour, j'ai voulu expliquer à l'infirmière-chef que j'avais frôlé la mort, et raconter ce que j'avais vécu. Je pouvais alors à peine parler, tant j'étais hébété et épuisé. Même si ce que j'avais vécu était en soi quelque chose de beau. [...] L'infirmière a juste pensé que je délirais à moitié. Ça m'a beaucoup attristé[2]. »

Face à ces réactions défensives et à cette ignorance, nombreux sont ceux qui renoncent à parler de leurs expériences de la mort. Par conséquent, une grande partie des EMI n'est jamais connue du grand public.

---

1. *Ibid.*
2. *Ibid.*

Résultats des dernières recherches

Jusqu'à la fin du XXᵉ siècle, la quasi-totalité des publications des recherches sur la mort (thanatologie) étaient *rétrospectives*. Raymond Moody, le pionnier des études sur la mort approchée, et nombre d'entre ses collègues n'interrogeaient les témoins qu'après coup. Les EMI remontaient souvent à plusieurs années. En résumé, ces études nous ont montré les points principaux suivants :

— Le phénomène des EMI est répandu dans le monde entier et est beaucoup plus fréquent qu'on ne le croit d'ordinaire.

— Les caractéristiques d'une EMI se retrouvent dans les écrits de toutes les époques.

— Le passage dans l'au-delà comporte des traits qui correspondent au processus de décès de l'homme. Sur l'ensemble des personnes ayant été en état de mort clinique, environ 18 % ont aussi eu une expérience de mort approchée.

— Les croyances religieuses ou l'appartenance à une église donnée n'ont aucune influence sur la réalisation d'une EMI.

— L'EMI ne dépend pas de la prise de médicaments et n'est pas induite par eux.

— Il existe des différences culturelles quant à l'interprétation des EMI, mais les éléments principaux sont identiques dans le monde entier.

Des EMI vécues de manière négative ont parfois été signalées. Comme il n'existe pas de sondages précis à ce sujet, les chiffres pour ce type d'expériences varient entre 1 et 5 %. Pour l'essentiel, elles consistent en des sentiments de terreur, d'angoisse, de désespoir, de culpabilité, de vide ou d'une immense solitude qui envahissent le sujet. Les personnes concernées vivent alors des scénarios infernaux qui déclenchent un stress psychique énorme. On a pu établir que les personnes touchées étaient en fait confrontées à leurs propres angoisses. Si elles parviennent à se laisser aller à ce qui leur arrive, les images négatives disparaissent dans la suite de leur EMI.

Une nouvelle tendance se développe actuellement dans les recherches sur la mort, avec les *études prospectives* : les témoins sont interrogés à l'hôpital immédiatement après leur EMI. Par ce moyen, les scientifiques ont acquis des informations non seulement sur les circonstances d'une EMI donnée, mais aussi sur les pathologies passées et d'autres renseignements de ce type. On peut ainsi explorer l'EMI en conditions de laboratoire. Une étude récente, menée en 2005 par le médecin britannique Dan Shears au Guy's Hospital de Londres, a porté sur les enfants ayant guéri d'une méningite. Le médecin a interrogé les patients tout de suite après la maladie qui a mis leur vie en danger : il a ainsi pu connaître les antécédents médicaux précis de ces enfants. Un garçon de trois ans et demi raconte ainsi avoir vu deux anges qui voulaient l'emporter. Il a rencontré son grand-père et a joué avec d'autres enfants, avant que les anges le ramènent. Un élément remarquable est que le grand-père était décédé neuf jours avant l'hospitalisation du garçon, mais l'enfant ne savait pas que son grand-père était mort.

De nouveaux cas d'EMI viennent en permanence confirmer que les données concernant les morts sont exactes et ne sont pas des illusions volontaires. L'expérience de petits enfants était d'une importance particulière pour les chercheurs, car ceux-là ne savent pas ce qu'est une EMI et ne sont pas soumis aux influences extérieures ni aux imprégnations culturelles ou religieuses.

Un autre thème central de recherche consiste à interroger directement des personnes ayant fait un arrêt cardiaque. L'étude sans doute la plus importante à ce propos a été menée par le cardiologue néerlandais Pim van Lommel. Les résultats ont été publiés fin 2002 dans la grande revue spécialisée *The Lancet*. Van Lommel et son équipe de chercheurs ont interrogé 344 patients au total, qui avaient tous été réanimés après un arrêt cardiaque, dans les cinq jours suivant leur réanimation. Parmi ces personnes, celles qui avaient fait une EMI ont ensuite été interrogées de nouveau deux ans après, puis huit ans après, sur les conséquences de leur expérience.

Pim van Lommel parvient à cette conclusion :

« Ce que nous savons à présent, c'est que les explications habituelles apportées aux EMI ne fonctionnent pas. Ces expériences ne sont pas provoquées par la mort des cellules du cerveau ni par les troubles de l'irrigation sanguine. De même, l'âge, le sexe, l'emploi ou la religion ne jouent aucun rôle[1]. »

En avril 2002, van Lommel a déclaré lors d'une interview à propos de ses patients :

1. Voir l'interview de Pim van Lommel dans la revue *INFO 3*, avril 2002.

« Ils avaient des pensées et des sentiments, et ils pouvaient se souvenir de leur toute petite enfance. Ils avaient aussi des perceptions externes à leur corps et pouvaient assister à leur réanimation. L'explication par une causalité physiologique doit donc être exclue. C'est l'unique conclusion à laquelle on doit arriver lorsqu'on examine nos résultats. Alors qu'aucune fonction cérébrale n'est présente, comme en atteste leur électroencéphalogramme (EEG) plat, 18 % des patients ont pourtant une conscience intacte et une entière capacité de perception et de mémorisation[1]. »

Il n'y a pas d'explication médicale au phénomène des EMI. Parmi les patients interrogés ayant été en état de mort clinique suite à un arrêt cardiaque, 62 rapportent avoir eu des perceptions extrasensorielles durant leur mort clinique et 41 d'entre eux ont eu des EMI au sens plein. L'étude, menée sur plusieurs années, comprend des patients de dix hôpitaux différents. Chez chacun de ces patients, les médecins avaient constaté l'interruption du pouls, de la respiration et de l'activité cérébrale. 12 % des sujets inclus dans l'investigation déclarent avoir eu des sentiments, des perceptions visuelles, et affirment qu'ils se trouvaient hors de leur corps.

Par la signification qu'elle a pour notre vie, cette étude a le potentiel de changer radicalement la société. Les nouvelles connaissances scientifiques

---

1. *Ibid.*

montrent que la conscience est indestructible et continue d'exister après la mort. Cela démontre également l'existence de l'âme.

Les éléments clés de l'expérience de mort imminente

Nous allons à présent décrire les caractéristiques essentielles d'une EMI, en nous appuyant sur de nouveaux exemples. La majorité des gens n'ont pas une compréhension profonde de ce qui se produit au moment du passage dans l'autre monde. Pourtant, cette compréhension peut nous aider à nous débarrasser de la peur de la mort, et, par conséquent, de la peur de la vie.

Le sentiment d'être mort

Les témoins de ce type d'expérience ont conscience qu'ils sont morts. Ils se perçoivent comme dépourvus de corps ou comme extrêmement légers. Un patient rapporte :

« C'était comme s'il n'y avait plus de temps. J'ai tout d'abord perçu très nettement que j'étais mort. Je regardais mon corps d'en haut, mais je n'avais pas du tout peur. J'étais mort, et cela ne me dérangeait pas. »

Cette impression constitue déjà la première indication que les personnes concernées se trouvent dans un état de conscience autre. Chez l'immense majorité des gens, cela ne donne lieu à aucune crainte.

Olaf raconte :

« Soudain, je me suis retrouvé de l'autre côté, et toutes mes douleurs avaient disparu. J'avais perdu toute relation à ma vie biologique, je m'en désintéressais totalement. J'ai compris très clairement que la séparation entre la vie et la mort est une étrange création de notre esprit. Elle est fructueuse et réelle si on la perçoit de ce côté-ci, mais vue de l'autre côté, elle est sans valeur. Ma première impression a été une surprise totale. Comment pouvais-je tout simplement exister ici, comment pouvais-je percevoir et penser, alors que j'étais mort et que je n'avais pas de corps[1] ? »

Durant l'expérience de la mort se révèle la continuité de la conscience de soi. Ainsi, certaines personnes reconnaissent-elles leur véritable être, leur essence éternelle. Une femme l'exprime comme ceci :

« C'est difficile à expliquer. À ce moment-là, je n'étais pas l'épouse de mon mari, je n'étais pas la mère de mes enfants ni la fille de mes parents, j'étais pleinement et totalement moi-même[2]. »

---

1. Morse (Melvin), Perry (Paul), *Transformed By the Light : the Powerful Effect of Near-Death Experiences on People's Lives* (*Métamorphosés par la lumière. La puissance de l'expérience de mort imminente sur nos vies*), New-York, Villard Books, 1993.
2. *Ibid.*

Nous revenons alors à notre personnalité individuelle originelle, ce que nous sommes depuis toujours et resterons toujours – l'identité éternelle de l'âme, dont le moi terrestre actuel n'est qu'un instrument. Tout ce que nous vivons au cours d'une EMI, nous le percevons donc de manière subjective, à partir de notre moi.

Liberté et absence de douleur

La plupart des témoins ressentent une impression de légèreté, de bien-être et de paix. Un homme m'a écrit :

« Après avoir laissé mon corps derrière moi, j'ai ressenti une paix indescriptible, un sentiment de bonheur absolu, plus intense que tout ce que j'ai connu dans ma vie. »

Au cours des dernières années, des sondages réalisés chez des patients atteints de cancer ayant eu une EMI au cours de leur maladie, souvent longue de plusieurs années, ont montré que les douleurs disparaissaient dès qu'ils avaient quitté leur corps. Après avoir réintégré leur corps et s'être réveillés en unité de soins intensifs, ils sentaient leurs douleurs réapparaître. Cela montre à l'évidence que la douleur est liée au corps biologique.

Une femme m'a raconté au cours d'un séminaire :

« Aujourd'hui, je n'ai plus peur de la mort. Avant d'être opérée d'un cancer, j'avais des douleurs que je croyais intolérables. Cela déclenchait en moi des peurs profondes face à la mort. Au cours de l'opération, j'ai eu un arrêt cardiaque, et je me suis mise à flotter au-dessus de mon corps, au plafond. Je me suis rendu compte avec étonnement que toute douleur avait disparu. Je me sentais légère, libérée et sans souci, comme cela ne m'était pas arrivé depuis longtemps. Le plus étonnant est que j'étais alors bien plus vivante que je l'avais jamais été auparavant, mais sans ces douleurs effroyables. Cette expérience m'a donné la force de me débarrasser de mes peurs face à la maladie. À présent, je suis guérie du cancer. »

Cette femme a eu, juste à l'instant où elle voulait baisser les bras, une EMI, qui l'a aidée à transformer sa vie et à guérir. Les EMI surviennent souvent à des moments charnières de notre vie ; elles nous donnent le courage et la force de continuer.

Les cas d'accidents montrent également que l'âme humaine n'est pas affectée par les événements extérieurs. Une femme qui avait été renversée par une voiture m'a dit ceci :

« J'ai ressenti un choc terrifiant au moment où la voiture m'a percutée, mais, en fait, aucune douleur. C'était plutôt comme une collision effrayante. J'ai été projetée loin dans les airs, mais je n'ai pas eu conscience de toucher le sol – bien sûr, mon corps est retombé à terre, à la suite de quoi j'ai été tenue pour morte. Mais, pour moi, c'était comme si je continuais de m'élever dans le ciel ; je me sentais de plus en plus légère. L'impact avait été comme évacué d'un souffle. Au lieu du traumatisme, je ressentais une paix complète ; j'avais le sentiment d'être de nouveau moi-même à part entière : c'est comme si tout était à sa place[1]. »

L'expérience extracorporelle

Dès que l'âme a quitté le corps, toutes les limitations du corps terrestre disparaissent. L'espace et le temps, tels que les hommes en font d'ordinaire l'expérience, sont abolis. Tous les événements s'accélèrent alors de manière incroyable, et la capacité de perception de la conscience s'élargit. La continuité de la conscience subjective est maintenue. La capacité de penser devient plus intense, plus vive, plus précise. C'est pourquoi les témoins ont l'impression d'être plus vivants que jamais.

Tout d'abord, la personne concernée flotte au-dessus du lieu de l'accident ou de la table d'opération. Elle est libérée de son corps et elle s'observe elle-même avec une sorte de distance intérieure. Un homme relate :

« Ensuite, ma perception est sortie de mon corps : au lieu de regarder vers le haut, la lampe d'opération, je me regardais désormais en oblique, vu d'en haut à droite. Je me voyais étendu là, comme une autre personne, pâle, vaincu, déchiré par la douleur, les yeux

1. St. Clair (Marisa), *Near-Death Experience (L'Expérience de mort imminente)*, Londres, Blandford Publishers, 1998.

fermés, et je me sentais en même temps incroyablement léger et libre, infiniment paisible[1]. »

Les observations sont toutes très fidèles et très précises. Certains se souviennent de dialogues entiers qui ont été prononcés, d'autres se rappellent avoir été capables de lire dans les pensées. Ainsi, le témoin perçoit d'emblée toutes les personnes présentes sur les lieux de l'événement : dès qu'il pense à des proches ou à des lieux, il se retrouve instantanément en leur présence. Un homme m'a raconté au cours d'un séminaire :

> « J'ai eu un accident grave et j'ai quitté mon corps. J'ai vu que ma jambe droite avait été arrachée. J'ai tout de suite pensé à ma femme et à mes enfants et je me suis demandé comment ils pourraient bien réagir dans cette situation. À l'instant même, je me suis retrouvé en présence de ma femme, qui se rendait à son travail. J'entendais la musique qui passait à ce moment sur son autoradio. »

Par l'extension de la perception consciente, à peine imaginable pour l'esprit humain, certaines personnes se trouvent même en plusieurs endroits différents au même moment.

Sabine Uhlig, juste après avoir accouché de sa fille par césarienne, s'est sentie quitter son corps ; elle m'a fait le récit de son expérience extracorporelle :

---

1. Bieneck (Andreas), Hagedorn (Hans-Bernd), Koll (Walter) (sous la dir. de), *op. cit.*

« Je flottais au plafond et j'observais les médecins qui tentaient frénétiquement de me ranimer. Pourtant je me sentais bien et j'en riais. Pendant l'opération, j'ai pu flotter jusqu'à la chambre voisine et voir les infirmières donner le bain à ma fille. J'ai pensé ensuite à mon fils, alors âgé de neuf ans, qui était en voyage à Sylt avec son chœur. J'ai pu l'observer en train de déjeuner, et alors ce fut comme si je ressentais qu'il avait encore besoin de moi. »

Par la suite, Sabine Uhlig a interrogé les infirmières, elle est même allée à Sylt, pour voir l'hôtel où se trouvait son fils – tout était exactement tel qu'elle l'avait vu pendant son combat contre la mort !

Au cours des dernières années, j'ai personnellement interrogé de nombreuses personnes ayant fait une EMI. Un examen attentif révèle que ce n'est pas seulement l'expérience extracorporelle, mais tous les événements se produisant au cours de l'EMI, qui sont vécus en même temps. Ce point est difficile à saisir pour l'entendement humain. Les témoins perçoivent avec précision ce qui se passe autour d'eux, en même temps qu'ils se trouvent en présence de leurs proches en vie, tout en traversant le tunnel, en voyant la lumière ou en voyant défiler leur vie. Un homme m'a raconté à ce propos :

« Je voyais précisément les brancardiers mettre mon corps dans l'ambulance et m'emmener à toute vitesse, gyrophare allumé. Dans le même temps, je

29

volais à travers un tunnel vers la lumière. J'étais empli d'une légèreté, dans une apesanteur inconnue jusqu'alors. J'ai été propulsé tout droit dans la lumière, une lumière dont l'énergie d'amour a inondé chaque fibre de mon être. Puis j'ai vu les images de ma vie. Mais au même moment, j'observais mon corps qui était transporté au bloc opératoire. »

En état de veille, nous disposons d'une capacité de perception très limitée. Au cours de l'expérience extracorporelle, notre conscience part en voyage et perçoit des choses inaccessibles à notre conscience ordinaire : d'abord sur le plan purement physique, et ensuite dans le monde de l'au-delà. Nous sommes confrontés à une tout autre dimension de la conscience et faisons l'expérience du présent éternel de l'instant.

La science est incapable d'explorer ces processus. Du point de vue médical, pendant la mort clinique, le sujet n'a aucune conscience, ni de lui-même ni de ce qui l'entoure, or les études récentes ont révélé que les EMI se produisent justement quand le cerveau s'éteint. Le corps se trouve sur le lieu de l'accident ou dans la salle d'opération. Si les expériences extracorporelles étaient constituées par des perceptions résiduelles des sens ou par des hallucinations, les patients seraient à la rigueur en mesure de donner des informations sur les personnes situées immédiatement auprès d'eux. Mais comme ils décrivent des événements qui ne sont pas perceptibles depuis leur corps, cela montre que notre conscience se déplace indépendamment de notre corps.

Voici à ce propos un exemple tiré d'une étude anglaise. Le major Scull a eu une attaque cardiaque. Il rapporte :

« Soudain, je me suis mis à flotter vers le haut. J'ai atteint le plafond, puis un angle de la pièce. De là, je pouvais regarder mon corps en bas. J'étais très étonné de me trouver conscient dans ce coin de la salle. Ensuite, je me suis tout à coup retrouvé hors de la pièce ; j'ai vu ma femme assise dans la salle d'attente. Elle portait un pantalon rouge et parlait avec l'infirmière. Puis j'étais assis à côté d'elle. J'ai remarqué avec exactitude ce qu'elle portait à ce moment-là. Il était complètement impossible que je la voie, car je me trouvais à cet instant dans l'unité de soins intensifs. À présent, j'ai la certitude que l'âme peut se séparer du corps[1]. »

Ce type de cas a pu être vérifié des centaines de milliers de fois par les recherches sur la mort de ces dernières années.

Un autre cas est celui d'une femme transportée en état critique à l'hôpital par son mari. Inconsciente dès son admission à la clinique, elle pouvait cependant entendre les infirmières parler d'elle. Pourtant, elle se trouvait en même temps dans un tout autre endroit. C'est un exemple de la capacité de la conscience humaine à percevoir de manière dite sphérique. La clarté et l'exactitude dans la description des détails sont frappantes :

---

1. Voir neardeath.com.

« Je flottais au-dessus d'une civière dans une salle d'admission des urgences. Je regardais en bas vers la civière et je savais que le corps qui y était étendu, enroulé dans des couvertures, était le mien, mais cela ne me faisait rien. La pièce était bien plus intéressante que mon corps. Et quelle superbe perspective j'avais ! Je pouvais tout voir – vraiment tout ! Je voyais en même temps les carreaux du sol et ceux du plafond : une perspective sphérique à 360 degrés. Et pas seulement sphérique – je reconnaissais aussi chaque détail ! De l'infirmière qui se tenait auprès de la civière, je voyais chacun des cheveux, mais aussi chaque follicule dans lequel poussait le cheveu. Je savais même exactement combien elle avait de cheveux. Mais mon attention portait encore plus loin. L'infirmière portait des bas en nylon d'un blanc éclatant ; chaque éclat, chaque reflet ressortait avec netteté, et là aussi, je savais très exactement combien d'éclats de lumière étaient visibles[1]. »

Le neuropsychiatre anglais Peter Fenwick a mené une enquête chez plusieurs patients dont le cerveau ne présentait plus aucune activité mesurable. Il est arrivé à la conclusion que la conscience et le cerveau ne sont pas nécessairement la même chose. Des patients dans le coma, sous respiration artificielle, percevaient, aux confins de la mort, des choses que nul ne peut expliquer. Dans un cas, le patient a reconnu ultérieurement le soi-

---

1. Ring (Kenneth), Elsaesser-Valarino (Evelyn), *Lessons from the Light : What We Can Learn from the Near-Death Experience (Leçons de la lumière. Ce que nous apprend l'expérience de mort imminente)*, Needham Moment Point Press, 2000.

gnant qui lui avait retiré sa prothèse dentaire alors qu'il était dans le coma. Une infirmière rapporte l'expérience vécue par une patiente en soins intensifs :

« Elle a donc décrit toute la scène. Et je lui ai dit "Mais où étiez-vous ?" Et elle a dit : "C'est comme si je volais au-dessus de tout le monde." Elle a décrit ce que l'on verrait typiquement si on était là en l'air, c'est-à-dire nos tentatives pour la réanimer. Puis elle a dit quelque chose d'assez étonnant : "Il y avait une pièce de monnaie là-haut, sur l'armoire. Mais pour la voir, il faut grimper dessus." J'en ai ensuite parlé à une autre infirmière, qui comme moi parle aussi de ces choses-là. Elle a vérifié, et elle a trouvé la pièce[1]. »

L'opinion scientifique encore prédominante, selon laquelle la conscience et la mémoire sont localisées exclusivement dans le cerveau, est contredite par les nombreuses expériences extracorporelles. La théorie des quanta explique que les plus petites parties de l'univers sont à la fois des ondes et des particules. Elles échangent des informations et apprennent les unes des autres. Les physiciens les considèrent comme des unités pensantes qui existent au-delà des représentations spatio-temporelles des hommes. Mais nos pensées sont elles aussi des unités minimales

---

1. Puhle (Annekatrin), *Das Lexikon der Geister. Über 1000 Stichwörter aus Mythologie* (*Le lexique des esprits. Plus de 1 000 mots clés issus de la mythologie, de la sagesse populaire, de la religion et de la science*), Munich Atmosphären, und AT Verlag, 2004.

d'information. Il ne se passe rien dans la conscience humaine sans que quelque chose dans l'univers y réagisse. La conscience est un principe supérieur, au-delà du corps humain ; elle existe indépendamment de lui. Nous continuons donc à vivre après la mort.

Le passage à travers le tunnel

Le tunnel est un symbole du passage dans le monde de l'au-delà. Ce phénomène est parfois aussi décrit comme une obscurité ou comme un vide, parfois ressenti comme menaçant. La personne qui passe dans l'autre monde glisse à travers l'espace, sans avoir de prise sur son mouvement ; cela se produit, tout simplement. Les témoins parlent alors d'une force dont émane un effet d'aspiration.

Un homme raconte :

« Soudain, une force d'aspiration d'une puissance inimaginable m'a attiré dans un tunnel où il faisait nuit noire. Le tunnel défilait à toute vitesse. Je fonçais en avant, empli de la peur de mourir. En même temps, je me sentais totalement libre, j'étais en apesanteur. Cette lumière, qui grandissait sans cesse, m'attirait à elle comme par magie. Elle devenait chaude et m'emplissait de bonheur, mais paraissait être à une distance prodigieuse. Puis le tunnel m'a projeté, dans l'éloignement infini. Le pays des contraires en soi[1]. »

1. Bieneck (Andreas), Hagedorn (Hans-Bernd), Koll (Walter) (sous la dir. de), *op. cit.*

On trouve également d'autres symboles du passage : les routes, les ponts, les fleuves, les cols de montagnes et les objets analogues. L'élément déterminant, c'est qu'au moment de la transition la conscience s'élargit à nouveau d'une dimension : elle peut désormais percevoir les choses de l'au-delà. On aperçoit alors des paysages idylliques, des villes illuminées ou des « êtres de lumière ». Nombre de personnes rapportent des rencontres avec des proches décédés. Une femme m'a raconté :

« Je m'élevais en flottant dans un tunnel translucide, qui semblait illuminé de l'intérieur. J'avais le sentiment de flotter librement dans l'univers. À peu près à la moitié du tunnel, j'ai aperçu ma mère, qui m'a souri et m'a accompagnée jusqu'à la lumière. Elle était décédée depuis plus de dix ans ; j'étais très soulagée de la voir. »

Au bout du tunnel, ou au-delà de l'obscurité, on distingue une lumière. Une femme raconte :

« J'ai commencé à avancer. Sans que je fasse quoi que ce soit, j'étais emportée au loin dans cette inquiétante obscurité. J'accélérais. C'était un tunnel gigantesque, à travers lequel j'avançais de plus en plus vite... En filant à travers ce tunnel à une vitesse étourdissante, j'avais fini par perdre toute notion de l'espace et du temps... J'ai alors compris que je me trouvais dans un état de conscience supérieur, dans une dimension où il n'y avait plus ni espace ni temps... C'était comme si j'avais moi-même dépassé l'espace et le temps[1]. »

L'expérience de la lumière

La lumière apporte le réconfort ; elle diffuse chaleur, paix et calme. Il ne s'agit en aucun cas d'un réflexe spasmodique du nerf optique, ni d'une lumière résiduelle sur la rétine au moment de la mort. Elle est ressentie comme l'amour le plus pur, un amour inconditionnel, tel que presque personne n'en fait l'expérience au cours de sa vie. La rencontre avec cet amour éveille des sentiments d'harmonie et une sensation de protection. La personne prend alors conscience de son moi dans toute sa plénitude. Cette lumière, d'une beauté resplendissante, devient l'incarnation de la connaissance. Elle provoque des états de béatitude complète. Tous ceux qui font cette expérience voient ensuite leur personnalité transformée.

Un homme m'a raconté :

« Je suis entré aussitôt dans cette merveilleuse lumière rayonnante. J'étais tout entier enveloppé d'amour, de chaleur, de paix et d'un sentiment de sécurité. C'est comme si la lumière était en moi, et qu'en même temps je devenais lumière. Une autre manière de l'exprimer serait de dire : je suis la paix, je suis l'amour, je suis la clarté et la joie. La lumière

1. Puhle (Annekatrin), *op. cit.*

36

fait partie de moi, je le sais, tout simplement. C'est merveilleux, c'est une rencontre avec l'éternité, comme si j'avais toujours été là et que je resterais là pour toujours. La lumière donne un sentiment de protection absolue. »

Les mots humains ne sont pas en mesure de faire saisir ou même de donner une idée de ce qu'est la splendeur de la lumière et de l'amour inconditionnel. Cette lumière exerce une irrésistible force d'attraction. Chacun de nous porte en soi l'étincelle divine et est donc, déjà pendant sa vie, lié à la lumière qui est amour.

Une femme m'a rapporté au cours d'un entretien personnel :

« Au bout du tunnel, j'ai vu une lumière dorée. Dans cette lumière, j'ai vu des paysages, et une ville luisant d'un éclat doré. La lumière pénétrait tout – elle était partout et enveloppait tout. Tout était plénitude. Pour moi, c'était l'essence de l'être, un lieu immaculé de part en part. »

La rencontre avec la lumière a été décrite de manière comparable à toutes les époques de l'Histoire, et dès le VIᵉ siècle saint Salvius en a fait l'expérience :

« Il y a quatre jours, lorsque ma cellule trembla et que tu me trouvas sans vie, je fus saisi par deux anges et emporté dans les hauteurs du ciel. C'était exactement comme si j'avais sous mes pieds, non seulement la terre misérable, mais aussi le soleil et la lune, les nuages et les étoiles. Je fus ensuite emporté à travers une porte, plus claire que notre lumière, vers une demeure dont tout le sol étincelait comme l'or et l'argent ; il y avait là une lumière indicible, à une distance incommensurable[1]. »

Certains témoins considèrent l'être de lumière comme Dieu. C'est là une question d'interprétation, car la lumière n'est en fait qu'un messager de l'amour divin. L'être de lumière provoque une profonde régénération spirituelle, qui se révèle à travers les transformations radicales de la personnalité après l'EMI. Il ne faut d'ailleurs pas vraiment s'attendre à une rencontre directe avec Dieu lors d'une EMI, car cette énergie, la plus puissante de toutes, ne serait pas supportable pour l'homme.

La vision du défilement de l'existence

La vision du défilement de sa vie, qui se déroule en présence de la lumière, nous enseigne le sens caché de la vie. Durant ce moment, nous ne sommes alors pas simplement confrontés à ce que nous avons vécu personnellement au cours de notre vie, mais aussi aux répercussions de nos pensées, de nos actes et de nos paroles sur les autres. Cela signifie que chacun d'entre nous est responsable pour soi-même, car nous sommes confrontés aux

---

1. Sutherland (Cherie), *In the Company of Angels – Welcoming Angels into Your Life (En compagnie des anges – Accueillir les anges dans votre vie)*, Transworld Publishers Random House, Australie, 2000.

vérités de notre propre existence sans pouvoir nous voiler la face.

Un homme m'a raconté :

« J'avais l'impression de voir toute ma vie défiler en accéléré du début à la fin comme sur une table de montage. Cela a commencé avec ma conception... puis est venue mon enfance, puis ma jeunesse, et ainsi de suite jusqu'à mon EMI, que j'ai vécue une deuxième fois. J'ai vu ma vie, je l'ai vécue une nouvelle fois. Tout ce que j'avais ressenti, je l'ai ressenti à nouveau – chaque coupure, chaque douleur, chaque sentiment, tout ce qui appartenait à chaque moment de ma vie. Dans le même temps, je voyais les conséquences de mon existence sur mon entourage... Je ressentais tout ce qu'ils avaient ressenti : à ce moment-là, j'ai saisi tous les effets de mes actions, les bons comme les mauvais. »

Revivre chaque sentiment, chaque douleur et chaque moment de sa vie, tout en étant confronté aux conséquences de ses actions sur les autres : c'est là une chose presque inimaginable pour la plupart, et une perspective effrayante pour certains. D'aucuns pourront se demander comment cela est tout simplement possible. Dans leurs études respectives, Pim van Lommel et Peter Fenwick parviennent à la conclusion que toutes les pensées, les paroles et les actions de notre vie sont enregistrées dans des champs énergétiques dans le monde spirituel. On peut comparer l'ensemble du processus à un ordinateur dans lequel toutes les données sur un sujet seraient regroupées, formant rétrospectivement une image complète. Rudolph Steiner nomme cette sorte de base de données cosmique « Chronique de l'Akasha », la Bible l'appelle « Livre de la vie », livre qui est ouvert à la fin de tout et qui énumère toutes les actions, bonnes et mauvaises. Cette vision rétrospective totale de l'existence n'est donc possible que dans la mesure où nous sommes en même temps connectés avec les consciences des vivants et des morts. Nous regardons notre propre vérité en face, sans fard. L'unique critère lors de ce défilement de l'existence est l'amour : Avons-nous prodigué notre amour, ou l'avons-nous gardé pour nous ?

Cette cohésion complète apparaît très clairement dans l'expérience suivante, vécue par Göran Grip, qui a eu une EMI à l'âge de cinq ans :

« En sa compagnie (l'être de lumière, N.D.A.), j'ai retraversé les cinq ans de ma vie, un événement après l'autre... Je revivais ce qui avait eu lieu, tout en y assistant comme spectateur. L'essentiel concernait mes relations avec mon frère, dont j'étais très jaloux... La question n'était pas de savoir qui avait tort ou qui avait commencé. Au lieu de cela, mon attention était concentrée sur nos échanges sentimentaux. J'ai vécu de nouveau ma solitude et ma jalousie. Je ressentais mon triomphe quand je le frappais, et ma méchanceté quand il pleurait. Et quand parfois j'étais gentil avec lui, je ressentais la joie que j'avais malgré moi de le voir heureux. J'éprouvais aussi ses sentiments... Après avoir passé en revue tout ce que j'avais fait à mon frère, j'étais en mesure de voir ce qui dans mes actions était bon et ce qui était mauvais[1]. »

Toute personne qui est revenue après avoir vu défiler son existence connaît les aspects essentiels de sa vie et les points sur lesquels elle doit encore travailler. Contrairement à l'expérience de fusion dans la totalité du savoir – qui sera décrite dans un chapitre ultérieur –, le souvenir des détails reste intact et contribue à la transformation de l'existence qui suit une EMI : certaines personnes prennent alors conscience du fait que tout ce qui se passe dans leur vie possède une signification plus profonde.

Voici une description précise que m'a rapportée un homme :

« J'ai vu – étendu derrière moi – tout le déroulement de ma vie, non pas comme dans un film, mais, au contraire, en une seule image. J'ai alors su clairement que, dans l'espace de conscience où je me trouvais, le temps est aboli. En regardant en arrière sur ma vie, il m'est apparu très clairement que tout ce qui s'était produit, tel qu'il était, était totalement dans l'ordre des choses. Rien n'aurait pu, ni même dû, être autrement. Cette découverte a déclenché en moi un sentiment indescriptible de libération, de soulagement, de gratitude et de joie. Je me sentais dans un état de béatitude insurpassable. Par pure joie, je me suis mis à

---

1. Högl (Stefan), *Leben nach dem Tod ? Menschen berichten von ihren Nahtoderfahrungen*, Rastatt, 1998.

rire, comme je n'avais sans doute jamais ri auparavant. Tout est devenu clair d'un seul coup, simplement je ne l'avais pas compris auparavant. En même temps, je me suis mis à pleurer lorsque je me suis rendu compte à quel point tous mes efforts pour mettre les choses de ma vie "en ordre" avaient été vains et superflus, combien de peine et de douleur j'avais infligées aux autres et à moi-même[1]. »

Le retour dans le corps

La plupart des témoins réintègrent leur corps plutôt contre leur gré. Ils ne veulent plus quitter ce lieu merveilleux de lumière et d'amour. Lors d'un séminaire, une participante m'a raconté :

« Une voix qui émanait de la lumière parlait à mes pensées : "Retournes-y. Tu ne vas pas mourir." Je n'étais pas d'accord. Je me sentais incroyablement bien dans ce nouvel état de conscience, si bien que j'aurais préféré m'installer dans la lumière et y rester pour l'éternité. C'est précisément là, en communion avec la lumière, que je voulais être. Mais ce ne fut pas le cas. »

Nombre de personnes refusent de retourner dans leur corps, mais sont renvoyées vers la vie terrestre par l'être de lumière. D'autres témoins peuvent décider librement s'ils préfèrent rentrer ou rester. Toutes les personnes qui repartent ont, sur terre,

---

1. Bieneck (Andreas), Hagedorn (Hans-Bernd), Koll (Walter) (sous la dir. de), *op. cit.*

des choses inachevées sur lesquelles elles doivent travailler. Shirley rapporte :

« Lorsque l'être de lumière et mon ange m'ont demandé si j'étais prête à repartir, je leur ai dit que j'étais prête et que je devais encore m'occuper de choses à terminer[1]. »

L'expérience primordiale du sentiment de protection et de l'amour absolu, inconditionné, conduit certains témoins à regretter douloureusement la présence de l'être de lumière. Il y a des personnes qui, suite à une EMI, développent une forte nostalgie de la « mort », sans pour autant vouloir mettre fin à leurs jours. Qui n'a pas fait une expérience de ce type aura de la peine à mesurer à quel point cette vie terrestre semble étrangère à ceux qui sont passés par là.

Le retour effectif dans le corps est décrit comme très brutal :

« Soudain, je me trouvais de nouveau en bas, dans mon corps. »

Un autre patient relate :

« En me réveillant, j'ai senti de nouveau ces douleurs indicibles. »

---

1. Högl (Stefan), *op. cit.*

Transformations de la personnalité

Après une EMI, les témoins voient leur personnalité se transformer radicalement. Ils ne sont plus ceux qu'ils étaient avant : ils savent par leur propre expérience que la mort n'existe pas. Un homme décrit sans ambiguïté ces bouleversements qui ont suivi son expérience :

« Après cela, je suis devenu un autre homme. Toute ma vie a changé du jour au lendemain. Toutes les choses qui m'avaient paru être de la plus haute importance ont pâli jusqu'à devenir insignifiantes. J'avais à présent compris ce que signifient l'amour et l'éternité ; la peur de la mort avait disparu. Il m'était apparu clairement que j'avais gaspillé ma vie à m'occuper de futilités. Il ne me restait désormais plus qu'une seule peur : c'était de devoir reconnaître, au moment de mourir, que je n'avais pas vécu ma vie dans toute sa plénitude, que je n'avais pas assez aimé, que j'aurais pu vivre bien d'autres choses et que mes angoisses et mes préjugés mesquins m'en avaient empêché. Quelque temps après cet événement, j'ai pris congé de mes amis, de mes voisins et de toutes mes fréquentations, j'ai abandonné mon travail, vendu ma maison et quitté la ville. Presque toutes les personnes avec qui j'avais eu affaire jusqu'alors s'étaient forgé une image bien précise de moi : elles ne pouvaient pas admettre que j'étais devenu un tout autre homme, et se comportaient avec moi comme si j'avais gardé mon ancienne personnalité[1]. »

---

1. Bieneck (Andreas), Hagedorn (Hans-Bernd), Koll (Walter) (sous la dir. de), *op. cit.*

Pour l'essentiel, on accorde bien plus de valeur à la vie quotidienne. Ces personnes développent une plus haute estime d'elles-mêmes et parviennent mieux à s'accepter. Elles ont un plus grand respect pour la vie telle qu'elle est. Il est frappant de constater que tout effort pour s'enrichir matériellement disparaît : il est perçu comme vide et insignifiant.

Les personnes ayant vécu une EMI sont emplies d'une immense soif de savoir, ce qui peut les mener à entamer une quête spirituelle qui durera toute leur vie. L'instant de la mort est saisi comme une libération, un passage vers une autre forme de l'être : on arrive alors à surmonter la peur de la mort. Les témoins acquièrent la certitude qu'ils continueront à vivre après leur mort physique et que Dieu existe vraiment. Certains d'entre eux développent des facultés suprasensibles.

En revanche, pour beaucoup d'autres, la nouvelle orientation dans la vie ordinaire se fait au prix d'extrêmes difficultés. Un homme relate ainsi :

« Il m'a fallu au moins six mois avant de pouvoir en parler avec ma femme. C'était un sentiment si beau et si puissant que j'avais l'impression d'être sur le point d'exploser, de m'effondrer et de pleurer chaque fois que je voulais essayer de l'exprimer. Et le plus souvent, elle ne pouvait pas comprendre ce qui m'était arrivé... C'était comme si je recommençais toute ma vie depuis le début. J'étais comme un nouveau-né[1]. »

---

1. Zaleski (Carol), *Nah Todeserlebnisse und Jenseitsvisionen vom Mittelalter bis zur Gegenwart (Expériences de mort imminente et visions de l'au-delà depuis le Moyen Âge jusqu'à nos jours)*, Frankfurt am Main, Insel Verlag, 1993.

Dans son étude, le cardiologue Pim van Lommel est parvenu à la conclusion que toute emi a des répercussions permanentes dans la suite de la vie. L'expérience constitue un tournant dans l'existence de la personne – le point de départ d'une quête spirituelle qui dure toute la vie.

Pour de nombreux témoins, ce processus de découverte de soi-même est en fait très difficile : ils se heurtent à de très importantes résistances de la part de leur famille et de leurs amis. Beaucoup ne sont pas pris au sérieux. Dans les hôpitaux allemands, il est rare de trouver des psychologues formés sur le sujet qui s'occupent des EMI et de leurs conséquences sur les patients. C'est pourquoi nombre de personnes concernées doivent se débrouiller toutes seules avec leur expérience. Remettre sa vie en ordre demande du temps, et les proches ne veulent souvent pas faire face aux transformations psychologiques.

On ne devient donc pas automatiquement une personne nouvelle suite à une EMI, et il n'est guère étonnant que van Lommel ait trouvé que le processus de découverte de soi-même dure en moyenne sept ans. Ce n'est qu'au bout de cette période que cette étape peut être intégrée à l'ensemble de la personnalité. Bien que la réalité des EMI ne soit plus contestable, la volonté de se confronter à leur signification et à leurs conséquences pour la société tout entière fait encore défaut.

J'aimerais citer à ce sujet les paroles d'une femme qui, au cours d'un séminaire, m'a décrit en pleurant son expérience :

46

« Lorsque je voulais parler de l'expérience de la lumière avec mon mari, il me laissait simplement en plan. Il ne voulait rien entendre là-dessus. Même mes enfants ignoraient mes efforts pour en parler avec eux. Ils me riaient au nez et me disaient : "C'est complètement impossible, ce genre de choses." J'étais donc contrainte d'y faire face toute seule. Aujourd'hui, à ce séminaire, au bout de neuf ans, c'est la première fois que je raconte entièrement mon EMI. Je peux vous assurer que ma vie a été bouleversée à la suite de cela ; je me suis séparée de mon mari. Je sais à présent que Dieu existe vraiment et que je suis guidée dans ma vie. Je n'ai plus du tout peur de la mort. »

b) La signification pratique de l'expérience de mort imminente dans le processus interne de la mort chez l'homme

Les divers éléments qui constituent l'EMI, tels qu'ils ont été exposés au chapitre précédent, sont universels – ils décrivent le passage de l'homme dans l'autre forme de l'être. Un examen attentif révèle que cette connaissance des processus internes se produisant au cours de la mort est présente depuis toujours dans toutes les cultures.

Au début du XXIe siècle, ces éléments, qui peuvent pourtant être constatés empiriquement, sont rejetés et exclus. Il est grand temps de se réapproprier le savoir perdu sur la manière exacte dont se déroule la mort chez l'homme : grâce à cela, nous pourrons éviter d'avoir un comportement faux et maladroit avec les mourants, et au contraire leur rendre leur dignité en les accompagnant avec amour sur leur ultime chemin. Celui qui connaît les processus internes qui se déroulent pendant le décès, celui qui comprend les phénomènes qui surviennent à ce moment-là, acquiert la certitude que notre vie se poursuit après la mort. Les cinq étapes internes de la mort, décrites ci-dessous, se rapportent à la phase finale du décès, quand plus aucun retour vers la vie n'est possible.

Les cinq étapes internes de la mort

État de flottement

C'est la première phase, qui caractérise le début de la mort définitive. Le patient ne peut alors plus quitter son lit de lui-même. Il est « sur son lit de mort ». Les attaches terrestres s'amenuisent – la balance entre la vie et la mort se met à osciller : le mourant ressent avec douceur se distendre les premiers liens entre l'âme et le corps. Il se sent plus léger qu'avant ; il traverse des phases de flottement, entre le rêve, le sommeil et la veille. Dès cette première phase, on voit si la personne se refuse à l'idée de mourir ou si elle peut accepter sa mort prochaine. Celui qui veut trouver la paix doit parvenir à accepter ce passage qui s'approche. Plus le mourant est réticent, plus le décès se déroule difficilement.

La confrontation avec les problèmes refoulés

Comme pendant la vision du défilement de la vie au cours d'une EMI, les images de notre existence remontent à présent à la surface de la conscience. Nous voyons nos propres vérités en face ; nous prenons conscience de tous les sentiments refoulés et de tout ce que nous n'avons pas vécu. Nous découvrons alors les conséquences de nos pensées, de nos actes et de nos paroles sur les autres. Le mourant essaie de clarifier les choses avec lui-même : certains cherchent ainsi une réconciliation au cours des derniers jours.

Une femme accompagnant des mourants m'a rapporté :

« Une de mes patientes, Mme Kern, a toujours été une femme dominatrice et tyrannique, qui rendait impossible sa propre vie et celle de sa famille à force de récriminer et de faire la leçon à tout le monde. Il y a dix ans, elle s'est disputée avec son fils, qu'elle n'a plus jamais revu. Alors qu'elle était mourante, elle a reconnu le tort qu'elle lui avait fait. Son souhait le plus cher était de lui parler une fois encore. Nous l'avons appelé et il a accepté de se rendre à l'hôpital, mais le surlendemain, car il avait une obligation. Mme Kern était dans un état critique, mais lorsqu'elle a appris que son fils allait lui rendre visite, son état s'est stabilisé. Enfin, le jeune homme est arrivé – ils ont passé plusieurs heures ensemble à discuter. Peu après, Mme Kern a pu s'éteindre paisiblement, en sa présence. »

En faisant le bilan de notre existence, la question fondamentale qui se pose est celle de savoir si nous avons donné ou non notre amour. Plus une personne s'enfonce dans la rage, la haine, la colère, la peur ou la culpabilité, plus sa mort est pénible : la personne est confrontée à tous ses manquements. Si nous pouvions dès à présent vivre ici et maintenant, nous pourrions clarifier ces choses tout de suite, au lieu de les transporter avec nous toute notre vie.

Le mourant sait que sa mort est inévitable. C'est pourquoi on devrait éviter de chercher à embellir ou à nier son état véritable. En son for intérieur, le mourant prend un premier contact avec l'au-delà. Il affirme voir ses proches décédés ou des formes lumineuses. À mesure que l'âme se sépare du corps au cours du décès, sa perception s'amplifie : le mourant vit désormais les choses de manière simultanée – la conscience, en s'élargissant, soulève le voile qui sépare l'ici-bas de l'au-delà. On reconnaît cela au fait que le mourant, tout en parlant normalement aux personnes présentes, inclut en même temps dans la conversation des personnes décédées, que lui seul peut voir. Ce phénomène m'a été décrit par une femme :

« Mon mari est mort lentement d'un cancer du poumon. Quelques jours avant sa mort, il m'a raconté que sa mère décédée lui faisait dire combien elle m'aimait, qu'elle savait tout ce que j'avais fait pour son fils. Cela s'est passé alors qu'il était tout à fait conscient – j'étais infiniment reconnaissante de savoir que sa mère était présente. »

Ces visions sur le lit de mort font partie intégrante du processus de décès. On les reconnaît au fait que les mourants font signe avec leurs bras à une personne invisible. Certains fixent un mur blanc, avec des yeux étonnés et brillants. Voici un exemple significatif de ces phénomènes qui sont très fréquents. Une participante à un séminaire m'a raconté :

« Mon père souffrait d'une hémorragie interne. Son état était très critique, et par conséquent je le veillais jour et nuit. Je n'oublierai jamais comment, pendant la deuxième nuit, ses yeux se sont soudain illuminés. Il a levé les yeux, tendu la main, et a souri. Il m'a raconté qu'il voyait ma mère décédée. Il se comportait très naturellement avec elle, comme si elle avait été réellement présente. Après cette apparition, il avait la conscience tout à fait claire et ne cessait de répéter à quel point cela avait été une expérience magnifique. Il n'avait plus peur de la mort. Il est décédé quelques heures après, détendu et paisible. »

Les visions de lit de mort sont des signes de la présence d'une autre réalité. Elles surviennent le plus souvent quelques heures ou quelques jours avant le décès. En percevant l'au-delà, le mourant se sent accepté, aimé et attendu : il peut donc mourir en paix peu après. Comme dans les EMI, la mort prochaine peut se manifester par des

51

visions de tunnel ou par des expériences extracorporelles. Il n'est pas rare que des mourants rapportent s'être trouvés dans d'autres lieux, bien qu'ils n'aient évidemment pas quitté leur lit.

Comme l'âme se détache de plus en plus du corps, les mourants peuvent se tenir hors de leur corps, qu'ils soient conscients ou non, ou même dans le coma. L'âme, qui est le support de la conscience de soi, voyage hors du corps – elle peut aussi entrer en communication avec d'autres.

La conscience du mourant s'étant élargie, celui-ci perçoit tout ce qui se passe autour de lui. Il ressent avec plus de force le souci, les sentiments ou la peine des proches qui sont autour de lui. Ce fait est souvent méconnu, car les personnes présentes s'imaginent que le mourant, étant à bout de forces ou ayant perdu conscience, ne peut pas percevoir les faits extérieurs. En réalité, il s'approche du passage vers l'autre forme de l'être. Il peut de toute évidence déterminer lui-même cet instant.

Cela se révèle notamment à travers les cas fréquents où le patient meurt juste au moment où les proches qui l'accompagnent sont sortis brièvement pour aller aux toilettes ou chercher un café. Dans ces cas-là, nous ne devrions donc pas nous sentir coupables, car le mourant sait exactement si le proche peut le laisser partir ou s'il le retient. À l'inverse, il peut arriver que le mourant veuille mourir en présence d'une personne en particulier.

Face à la mort prochaine, on devrait donc exclure tout ce qui est extérieur, tout ce qui embellit la situation et toute action inutile. C'est la dernière possibilité pour s'exprimer ou pour dire au mourant sa gratitude. Si les proches ont la générosité de dire la simple phrase « Tu peux partir », cela soulage infiniment le mourant.

La mobilisation des dernières réserves physiques

Dans la troisième phase, le mourant cesse en général de s'alimenter. Si toutefois on intervient de manière artificielle dans le processus de décès, celui-ci peut être énormément allongé, aux dépens de la personne concernée.

On tend souvent à négliger le fait que les mourants en fin de processus ne prennent plus d'alimentation solide, souvent plusieurs semaines avant la mort effective. Nombre d'entre eux cessent également à un certain moment d'absorber des boissons – c'est la raison pour laquelle leur bouche est humidifiée par le personnel accompagnant. À cause de la perte de liquides, le métabolisme s'arrête, et, à un moment donné, le mourant cesse tout simplement de respirer. Avec le dépérissement progressif du corps, la faim et la soif disparaissent – une mesure charitable de la nature. Cette sorte d'épuisement met fin à bien des douleurs intenses et à des décès difficiles.

Dans son monde intérieur, le mourant perçoit ces processus d'une tout autre manière. L'âme entame son détachement définitif d'avec le corps ;

les portes de l'au-delà s'ouvrent. De l'extérieur, on peut reconnaître ces événements à un changement dans l'expression des yeux du mourant. Ils sont grands ouverts, luisants, éclairés d'une lumière intérieure.

Ernst Bergemann raconte à propos de sa femme :

« Quand je l'ai saluée, elle ne pouvait plus ouvrir les yeux. Seul un très bref tressaillement dans sa main m'a permis de voir qu'elle me reconnaissait et qu'elle voulait me répondre... Tout à coup, la chambre s'est pour ainsi dire métamorphosée. L'aide-soignante et moi avons senti une présence, indescriptible. Comme avec tous les mourants atteints d'un cancer, je lui ai dit au revoir en lui disant les paroles de ma mère : "La force qui t'a créée te mènera aussi dans la mort." Bien qu'elle fût dans le coma, je pense qu'elle a entendu mes paroles. En quittant la pièce, j'entendais son souffle rauque devenir de plus en plus faible. En me retournant, je l'ai vue regarder vers le haut, les yeux grands ouverts, des yeux d'enfant, incroyablement clairs, presque translucides. Ce qu'elle voyait, je ne pouvais pas le voir ; mais qu'elle voyait alors quelque chose, l'aide-soignante peut en témoigner. Sur son visage s'est reflété quelque chose qui n'était plus de ce monde. Elle est morte avec ce regard[1]. »

---

1. Bergemann (E.), Sehouli (J.), Sommer (R.), Lichtenegger (W.) (sous la dir. de), *Verständnisvoll miteinander Leben bis Zuletzt. Leben und Sterben aus geisteswissenschaftlicher und naturwissenschaftlicher Sicht (Vivre ensemble en bonne intelligence jusqu'à la fin. Vie et Mort du point de vue des sciences de l'esprit et des sciences de la nature)*, Vechta-Langförden, 2002.

C'est au cours de cette phase que l'on assiste à la mobilisation des dernières réserves physiques. Chez certains patients, cette étape se passe en douceur, tandis que d'autres crient, gémissent et se défendent contre la mort qui approche.

À ce stade, les *éléments*, la terre, l'eau, le feu et l'air, *se séparent du corps*. La connaissance de cette étape est d'un grand secours pour les personnes qui accompagnent le mourant ; elle a été consignée dès le VIIIe siècle dans le *Livre des morts tibétain*. Il s'agit d'une description complète des phénomènes corporels qui ont lieu lorsque l'âme se détache du corps. De siècle en siècle, jusqu'à nos jours, ces étapes ont été décrites exactement de la même manière par les personnes chargées d'accompagner les mourants, par les proches, les médecins et le personnel soignant.

Lors de la décomposition de *l'élément terrestre*, la force nous a quittés, et nous ne pouvons plus nous redresser par nous-mêmes, tenir des objets et encore moins nous tenir debout. Le mourant a la sensation de disparaître profondément dans le sol. Il tente de se défendre contre cela, car il a peur de perdre le contrôle sur son corps. C'est la raison pour laquelle nombre de mourants se cabrent, gémissent ou crient. Plus ils se défendent contre la mort qui approche, plus le passage final est difficile. On voit souvent dans les hôpitaux des mourants qui avec leurs dernières forces arrivent à escalader les barreaux de leur lit, et qui sont ensuite retrouvés morts au milieu de la chambre. En réalité, ce sursaut est le moment où l'âme quitte le corps.

Lors de la décomposition de *l'élément aquatique*, le mourant perd le contrôle de ses fluides corporels. Il ne peut plus contrôler son urine, il a le nez qui coule, certains pleurent. L'entendement disparaît, et beaucoup de mourants sont mécontents, irritables et nerveux. Le mourant produit une sorte de gargouillement intérieur, ce qui peut donner l'impression qu'il se noie en faisant entrer l'eau de son corps dans les poumons. Intérieurement, le patient constate qu'il n'est plus lié à son corps. Il a l'impression d'être léger et poreux.

Puis l'élément aquatique se décompose en *élément du feu*. Le nez et la bouche se dessèchent, la chaleur commence à quitter le corps, le plus souvent en partant des pieds et des mains en direction du cœur. Le mourant n'absorbe plus de liquide – la digestion s'arrête ; son corps lui paraît brûlant. Certains patients disent qu'ils ont l'impression de se consumer. Cette étape peut être douloureuse, comme une naissance est douloureuse.

Dans la quatrième étape, l'élément du feu se résout en *élément aérien*. La respiration est de plus en plus pénible, on commence à entendre des bruits rauques et des toussotements typiques. L'expiration du mourant ralentit ; il lui semble qu'il se décompose. Plus il lutte contre cette décomposition de son corps, plus ce processus est pénible.

Lorsque la respiration extérieure a pris fin, l'élément aérien se résout en *élément spatial*. L'âme est à présent définitivement sortie du corps – le « ruban d'argent » se déchire pour de bon. C'est le moment effectif de la mort. L'âme transite vers une autre forme de l'être.

Ce processus de décomposition des éléments dépend du travail que l'on a effectué ou non sur les choses inaccomplies de sa vie. Naturellement, tout dépend aussi de la disposition à accepter la mort prochaine. Moins on se défend, plus ce processus est rapide – on peut alors à peine distinguer les phases. Chez d'autres personnes, cette décomposition des éléments s'étend sur des heures, voire des jours entiers, donnant lieu à une terrible agonie.

L'instant du décès

Au cours de la quatrième phase, toutes les fonctions du corps s'arrêtent ; le processus prend fin avec le dernier battement de cœur et le dernier souffle audible. Le mourant intériorise alors toute son attention ; il la concentre entièrement sur l'autre dimension de l'être.

C'est le moment effectif de la mort : le décès est accompli. Le mort est à présent empli de paix et d'impressions de lumière. Il voit et entend tout ce qui se produit autour de son lit de mort. Comme des énergies gigantesques sont libérées au cours du décès, on peut souvent ressentir dans l'espace une concentration énergétique très forte. Certains accompagnateurs de fin de vie rapportent également la survenue de phénomènes lumineux.

Après la mort, il faut veiller à ce que la personne qui vient de décéder ne soit pas transportée tout de suite en chambre froide. Un délai de une à deux heures peut permettre aux dernières étapes de décomposition de se produire dans le calme et en paix. Les proches peuvent dire adieu de manière convenable à la personne décédée.

Une multiplicité de phénomènes se jouent à l'instant de la mort. Certaines personnes ressentent la présence du mort ou ont des apparitions. Des montres s'arrêtent à l'heure exacte de la mort, des tableaux tombent des murs, et des objets lourds peuvent même être mis en mouvement. Des personnes éprouvent spontanément ce que l'on appelle « la mort par participation », par une expérience extracorporelle, bien qu'elles ne soient pas présentes sur le lieu du décès.

Une femme m'a écrit :

« Ma grand-mère était hospitalisée à Dortmund depuis assez longtemps. Son état était extrêmement critique, et chaque jour nous nous attendions à ce qu'elle meure. Le jour de sa mort, j'étais chez moi, à Cologne. Vers 14 heures, j'ai ressenti une agitation particulière. J'ai su à ce moment-là que ma grand-mère allait mourir. J'étais assise à la table de la cuisine, et, tout à coup, je me suis trouvée à l'extérieur de mon corps. Ce dont je me souviens ensuite, c'est que je me suis retrouvée dans l'hôpital de ma grand-mère. J'ai vu mon grand-père et ma mère pleurer auprès du lit, et j'ai aperçu dans le même temps le père de ma grand-mère, qui était décédé et que je connaissais par une photo. Combien de temps s'était écoulé, je ne le sais pas. Mais, soudain, le téléphone a sonné, et je suis revenue à moi. C'était ma mère qui appelait pour me dire que ma grand-mère venait de mourir à l'instant. »

Le processus de séparation du corps

La quatrième phase aboutit ensuite à la cinquième : le passage s'effectue rapidement. Le lien subtil du ruban d'argent qui tenait ensemble le corps et l'âme est désormais définitivement rompu.

L'existence du ruban d'argent est déjà mentionnée dans la Bible. Dans le livre de l'Ecclésiaste (12, 6-7), il est écrit :

« Oui, avant que le ruban d'argent ne se rompe, que le vase d'or ne se brise [...] avant que l'esprit retourne à Dieu qui l'a donné. »

Ce passage de l'Ancien Testament montre sans ambiguïté que le ruban d'argent était déjà connu dans l'Antiquité. Lorsqu'il est définitivement rompu, l'âme ne peut plus retourner dans son corps. Dans les EMI, ce lien subtil n'est pas rompu : certains témoins racontent avoir vu ce ruban lumineux. Comme les minuscules fils du ruban d'argent se défont lentement, les proches ont souvent l'impression qu'il y a encore une petite étincelle de vie dans le corps. En réalité, l'âme se trouve dans l'espace ou à proximité du corps. La personne décédée n'a désormais plus de corps ; pour elle, les limites spatio-temporelles n'existent plus. Elle voit et entend tout ce qui se passe autour d'elle. C'est pourquoi il convient de la traiter avec considération, respect et gratitude. La dernière phase du processus de mort est close lorsque tout contact résiduel avec le corps est terminé. Nous avons alors l'impression d'avoir devant nous une enveloppe corporelle vide.

CHAPITRE 2

LES DÉCOUVERTES DE LA THANATOLOGIE SUR L'AU-DELÀ

a) Les expériences de mort imminente

Les EMI de toutes les époques, en plus des étapes clés de l'expérience elle-même – dépeintes au chapitre précédent –, nous fournissent des descriptions précises de la topographie de l'au-delà et de ses habitants. À mesure que sa conscience s'élargit, le témoin pénètre de plus en plus dans le domaine situé au-delà de l'espace et du temps : il fait alors des expériences suprasensorielles. Je voudrais en donner ici une présentation systématique.

On dispose de nombreuses descriptions visuelles précises sur la disposition des lieux de l'autre domaine de l'être. C'est là un aspect des EMI auquel on a jusqu'à présent peu prêté attention. Les rencontres avec des personnes décédées sont vécues de la même manière que les visions d'anges ou d'autres êtres spirituels. On connaît sans doute moins bien ce que signifie la fusion dans la totalité du savoir ou l'union mystique avec Dieu. Dans tous les cas, on peut dire que les représentations imagées de l'au-delà faites au cours d'EMI ont

61

toujours été décrites de façon quasi identique dans toute la littérature mondiale.

Chaque type d'état modifié de la conscience nous conduit dans cette autre dimension de l'être. Chacun, au plus profond de soi, a conscience de l'existence de l'au-delà. Les hommes, dans leur quête du sens et du fondement de l'existence, cherchent à connaître Dieu dans leur monde intérieur, par la méditation ou par la prière. C'est surtout dans les situations difficiles ou lors d'un ébranlement psychologique profond que nous nous souvenons que le sens de notre existence fait partie d'une signification plus vaste. L'homme est par essence un être spirituel – bien plus qu'une somme de processus biochimiques. La conscience existe indépendamment du corps ; les descriptions du royaume de l'au-delà n'ont rien à voir avec de doux rêves ni avec des hallucinations. De très nombreuses EMI nous font découvrir des fragments de lieux ou de paysages que nous trouverons après la mort.

Une EMI dure en général au maximum cinq minutes ; au-delà, la réanimation n'est plus possible. Plus l'état de mort clinique se prolonge, plus les séquelles cérébrales sont probables. Pourtant, certaines personnes sont restées dans cet état pendant une période plus longue et en sont revenues : ces cas sont appelés par les chercheurs « expériences de mort imminente ultimes ». L'expérience comprend alors un voyage de l'âme à travers les galaxies, la liaison à la totalité du savoir et la fusion mystique en Dieu : plus l'expérience se prolonge, plus il est fréquent que s'ouvre l'accès aux niveaux supérieurs du royaume de l'au-delà. Les témoins, en état de conscience extracorporelle, peuvent alors influer sur le déroulement de leur expérience. Si les témoins n'éprouvent aucune peur et cherchent vraiment à comprendre ce qui leur arrive, ils peuvent conduire de manière interactive le déroulement de l'expérience. Kenneth Ring a été le premier chercheur à mettre le doigt sur ce phénomène.

Confronté à sa vie passée au cours de l'expérience de la lumière, Mellen-Thomas Benedict n'a pas réagi de manière simplement passive :

« J'ai commencé à voir des événements passés, des souvenirs, une sorte de vision rétrospective de la vie. Et j'ai vu des choses qui m'ont rendu malheureux : comment j'allais mal, etc. Alors à un moment donné, j'ai dit "Stop !" et tout s'est arrêté ! J'étais très surpris. Soudain, je me suis rendu compte que ce devait être une expérience interactive, pendant laquelle je pouvais parler[1]. »

Comme Mellen-Thomas était empli d'un immense désir de savoir, la lumière lui a révélé un mystère de la création : Tout homme est lié à son origine, au créateur de tous les mondes. Le Soi suprême (l'identité éternelle de l'âme ou l'âme suprême) relie entre eux tous les humains, tout en étant un aspect de la divinité. Désirant réellement saisir la signification de la lumière, cet homme a reçu la révélation suivante :

---

1. Ring (Kenneth), Elsaesser-Valarino (Evelyn), *op. cit.*

« Il m'est apparu clairement que la part supérieure de toutes les âmes est reliée en un être unique ; tous les hommes sont réunis pour ne former qu'un être unique, nous constituons en vérité un seul et même être, nous sommes chacun des aspects différents de cette même essence – j'ai vu ce Mandala d'âmes humaines ; c'est la plus belle chose que j'aie jamais vue, j'ai *(sa voix devient tremblante)*, je suis juste entré dedans et *(il parle en hoquetant)*, c'était vraiment bouleversant *(il retient ses larmes)*, c'était comme tout l'amour que l'on a souhaité pour soi-même et pour les autres, c'était cet amour qui soigne, qui guérit, qui régénère[1]. »

L'entrée dans l'au-delà

À l'approche de la mort, les organes des sens se déconnectent et la personne a une conscience incorporelle ; l'âme est séparée du corps. Les règles de l'existence terrestre sont supprimées, et l'âme, support de la conscience de soi, entame un voyage à travers une dimension où espace et temps sont abolis. Tout s'accélère, tout est perçu simultanément. Voici à ce propos le récit d'un homme :

« Puis tout s'accélère... On a l'impression d'avancer quasiment à la vitesse de la lumière. C'est peut-être même la vitesse de la lumière, voire plus encore. On perçoit à quel point on va vite, on se voit parcourir

---

1. *Ibid.*

des distances gigantesques en un centième de seconde[1]. »

La conscience s'établit désormais indépendamment du corps terrestre. Les témoins rapportent qu'ils se trouvaient dans un corps fait de matière subtile. Au cours d'un séminaire, une femme m'a raconté son expérience à ce sujet :

« J'ai vécu des instants de suspension du temps, des instants de clarté et de bonheur absolus. Je n'avais plus de corps matériel, mais je possédais une forme translucide, comme si j'étais la copie de moi-même, mais sans la pesanteur du corps terrestre. L'étonnant, c'est que mon moi était intact, et que j'avais des perceptions plus fines que j'aurais jamais pu l'imaginer. »

Pendant la transition vers l'au-delà, on entend des musiques ou des bruits célestes. Certains perçoivent des bourdonnements, des cliquetis ou des battements. D'autres entendent une mélodie délicate évoquant la sublime musique des sphères célestes.
Corinna rapporte :

« C'était une expérience à vous couper le souffle – il régnait un silence admirable. Au loin, on entendait une mélodie presque imperceptible, juste l'ébauche d'une musique magnifique. Pendant un bref instant, j'ai tourné le regard vers une faible lumière au loin. »

---

1. Ring (Kenneth), *En route vers Oméga : à la recherche du sens de l'expérience de mort imminente*, Paris, Robert Laffont, 1991.

Dans les EMI contemporaines, le passage dans l'autre dimension de l'être, instant bouleversant, est déclenché par la perception d'une musique. On peut le comprendre symboliquement comme l'expression de cette accélération de tous les événements. En même temps, cette musique apaise les peurs. Dans l'exemple qui suit, un homme perçoit une musique comme extraordinairement puissante, rapide et violente, mais au lieu d'avoir peur, il la comprend comme l'abolition de toutes les limites.

> « J'avais l'impression de voler à toute vitesse à travers l'univers ! Il y avait aussi un vacarme assourdissant. C'était comme si tous les grands orchestres du monde jouaient en même temps ; il n'y avait aucune mélodie en particulier, et c'était très fort, puissant, mais d'une certaine manière apaisant. C'était une musique rapide, agitée, différente de tout ce dont je me souvienne, et pourtant une musique familière, comme échappée d'un recoin de ma mémoire[1]. »

Des mourants affirment eux aussi avoir entendu une musique issue de l'autre monde. Entendre des mélodies en provenance de l'au-delà fait partie intégrante des expériences que fait un mourant sur son de lit de mort. Son âme étant séparée du corps, il est dans un état de conscience élargie : il perçoit la musique des sphères. Une femme chargée d'accompagner les personnes en fin de vie m'a raconté :

---

1. Högl (Stefan), *op. cit.*

« Lorsque je suis entrée dans sa chambre, Mme Meyer semblait dormir profondément. Pourtant, elle a soudain ouvert les yeux et s'est mise à fredonner une mélodie. Ses yeux avaient une expression de béatitude absolue et luisaient d'une lumière intérieure. À ma surprise, elle m'a adressé la parole et m'a dit : "Vous n'allez pas me croire, mais j'entends une musique comme je n'en ai encore jamais entendu dans ma vie. Ces harmonies me font oublier toutes mes peurs." Mme Meyer est morte dans mes bras peu après. »

La musique des sphères prépare la personne à la beauté du royaume de l'au-delà. Au cours du décès, cette expérience permet au mourant de trouver la paix et de se laisser aller. Il est alors prêt pour le passage : il n'a plus peur.

Perceptions visuelles du monde spirituel

Lorsque la personne est sortie de son corps et a atteint le tunnel qui conduit vers l'au-delà, elle aperçoit l'indicible beauté du monde transcendantal. Les couleurs et la lumière qui les pénètre sont harmonieusement entremêlées. Les structures internes de ce monde font apparaître des paysages ou des bâtiments d'une splendeur inconnue jusqu'alors. Bien que les témoins soient incorporels, ils ont un corps éthéré, fait de matière subtile, composé seulement de mouvement et d'ondes. Cette autre forme de réalité ne peut être décrite que par métaphores et comparaisons. Les mots, les concepts font défaut dans notre langue pour donner une idée de cette beauté sublime. Cette vision plonge les témoins dans un sentiment de bien-être total ; elle les amène à garder le souvenir de certains détails de l'au-delà. C'est pourquoi de nombreuses personnes ayant fait ce voyage de l'âme disent avoir le sentiment de retrouver leur pays d'origine.

Voici à ce propos le récit de Betty Eadie :

> « Je me trouvais dans un monde de couleurs, mais ces couleurs étaient des vibrations. J'ai fait quelques pas en avant dans ces jardins sublimes, puis je me suis assise sur un banc. Cela peut paraître étonnant, car après tout je n'avais plus de corps physique, mais c'est ainsi que je l'ai ressenti... Comme le jardin était empli de lumière, j'ai cherché un soleil ou une autre source lumineuse, mais où que je regarde, j'étais dans la lumière elle-même. On ne voyait pas d'où venait la lumière. C'était une lumière douce, pas du tout aveuglante – c'était beau et agréable[1]. »

À ce niveau de l'existence, les sens et les sentiments de l'observateur se font plus intenses. On peut donc voir des détails qui reflètent cette liaison de toutes choses avec la lumière. C'est ce qu'exprime l'étonnant témoignage d'une femme, que voici :

> « En regardant autour de moi, je m'aperçus que je me trouvais dans un grand bâtiment aux pierres multicolores ; chaque pierre résonnait sur une note particu-

---

1. *Ibid.*

lière, comme dans un grand orchestre... Les pierres produisaient une musique absolument enchanteresse. J'ai dit "pierres multicolores", mais c'est une description insuffisante : il est impossible pour nous d'imaginer quelque chose de simplement approchant des couleurs, de la beauté et de la fraîcheur de ces murs de pierre. J'ai tendu la main pour les toucher, pour vérifier si ces pierres étaient réelles. Elles étaient bien réelles[1]. »

Tout est mouvement et vibration – l'eau elle-même contient des informations qui prouvent l'unité de tout être. L'eau est le support de toute vie, le corps humain en est constitué pour l'essentiel. L'eau en nous contient des informations vitales, elle est indispensable à notre vie. Sans eau, il n'y aurait pas de vie sur terre.

Betty Eadie observe :

« La vie. Même l'eau en était emplie. Dans la chute d'eau, chaque goutte a son intelligence propre, sa mission à accomplir. Une mélodie d'une beauté majestueuse s'échappait de la chute d'eau et emplissait le jardin, jusqu'à se perdre dans d'autres mélodies, qui se pressaient doucement à mon oreille. La musique venait de l'eau elle-même, de son intelligence, et chaque goutte avait sa note, sa mélodie, et toutes jouaient et s'entremêlaient avec chaque autre bruit, chaque autre son aux alentours... En m'approchant de l'eau, j'ai pensé qu'il pouvait s'agir des

---

1. Kalweit (Holger), *Liebe und Tod. Vom Umgang mit dem Sterben* (*L'amour et la mort. Sur le rapport avec la mort*), Burgrain, Koha Verlag GmbH, 2006.

"eaux de la vie" dont parle la Bible, et j'ai voulu m'y baigner[1]. »

L'eau de la vie est un symbole de l'origine créatrice, rajeunissante et régénératrice de tout être. C'est la source dont jaillit toute vie. Dans la Bible, il est écrit :

« Et il me montra un courant d'eaux vives, clair comme du cristal, issu du trône de Dieu et de l'Agneau[2]. »

L'eau de la vie revitalise, elle nous redonne notre intégrité et notre santé.

Les récits concernant les couleurs éclatantes extraordinaires des plantes sont particulièrement nombreux :

« Les fleurs ont des jeux de couleurs si vifs, si éclatants, qu'elles ne paraissent pas être faites d'une substance fixe. Chaque plante étant baignée d'une aura de lumière intense, il est difficile de dire où commence et où s'achève la surface de chacune. À l'évidence, chaque partie, chaque particule microscopique d'une plante porte en soi sa propre intelligence. Il n'y a pas de mots plus appropriés pour décrire cela. Chaque partie, même la plus infime, est emplie de sa propre vie ; elle peut être reconstituée à nouveau avec

---

1. Eadie (Betty J.), *Dans les bras de la lumière*, Paris, Pocket, 1995.
2. *Bible de Luther, Édition standard avec les Apocryphes*, Stuttgart, Deutsche Bibelgesellschaft, 1985, Apocalypse, 22, 1.

d'autres éléments ou à l'inverse produire tout autre chose. Ce qui à un instant se trouve dans une plante peut à l'instant suivant être un élément d'autre chose – et y être tout aussi vivant. Ces parties n'ont pas d'esprit comme nous, mais comportent une intelligence et une structure, et elles peuvent réagir aux volontés de Dieu et aux autres lois universelles. Tout cela se révèle lorsque l'on voit l'univers que l'on trouve là-bas, et notamment les plantes[1]. »

Même l'herbe est douée d'une vie indescriptible, comme en témoigne une femme :

« Le jardin était plein d'arbres, de fleurs, de plantes, dont l'emplacement semblait en quelque sorte inévitable – c'était comme si chaque chose se trouvait exactement là où elle devait être. J'ai arpenté la pelouse pendant un moment. Elle était fraîche, verte, luisante, et paraissait vivante et sensible sous mes pieds[2]. »

Les témoins ont conscience de vivre une expérience d'unité d'amour, de beauté et de vérité. Tous les paysages, toutes les constructions, les êtres et les couleurs intenses du monde végétal sont liés entre eux par la lumière. L'atmosphère entière est baignée de savoir – elle forme un reflet de l'éternité.

Dans la littérature spécialisée, on trouve de fréquents récits portant sur l'existence d'une ville de

1. Eadie (Betty J.), *op. cit.*
2. *Ibid.*

71

lumière. Une femme qui a témoigné auprès d'Evelyn Elsaesser-Valarino a tenté de rendre son expérience par des mots :

« Soudain, une lumière incroyable est apparue et m'a enveloppée. Très loin de moi, j'ai vu une ville. Même à cette distance énorme, elle semblait gigantesque ! Tout semblait être de la même taille, et c'était comme si la ville n'était appuyée sur rien, et d'ailleurs il me semblait que ce n'était pas du tout nécessaire. Et puis je me suis rendu compte que cette lumière provenait de la ville, qu'il ne pouvait s'agir que d'une sorte de rayon laser de lumière qui semblait dirigé du centre de la ville directement sur moi. La première chose que j'ai vue, c'est la route. Quelle splendeur ! La seule chose à laquelle je peux la comparer dans ce monde-ci, c'est l'or, mais tout était en même temps si pur, si clair et transparent... Tout avait cette pureté et cette clarté. La différence (entre ici et là-bas), c'est qu'avec l'or on pense aussi à quelque chose de dur et solide ; mais là, tout était tendre et souple[1]. »

Dannion Brinkley a vécu l'une des EMI les plus extraordinaires et les plus intenses qui aient été rapportées dans la littérature spécialisée sur le sujet ; lui aussi a été ébloui par une substance cristalline en provenance de la ville de lumière. Il l'explore en compagnie de l'être de lumière :

---

1. Elsaesser-Valarino (Evelyn), *D'une vie à l'autre : des scientifiques explorent le phénomène des expériences de mort imminente*, Paris, Dervy, 1999.

« Ces cathédrales étaient tout entières construites en une substance cristalline, dont émanait une lumière vive. Nous sommes restés en arrêt devant ces édifices. Face à ce chef-d'œuvre architectural, je me sentais tout petit et insignifiant. J'ai pensé qu'elles avaient dû être construites par les anges, pour célébrer la grandeur de Dieu. Les tours étaient élevées et pointues comme celles des grandes cathédrales françaises, les murs étaient massifs et puissants comme ceux du tabernacle des Mormons à Salt Lake City. Les parois étaient constituées de grandes briques de verre, qui luisaient de l'intérieur[1]. »

À l'évidence, on ne peut donner qu'une idée approximative de ces bâtiments, en utilisant des comparaisons avec des œuvres d'art terrestres. Il manque tout simplement la langue qui puisse vraiment exprimer la complexité de cette autre réalité.

Lue dans ce contexte, la description de la nouvelle Jérusalem céleste dans l'Apocalypse de Jean est particulièrement remarquable. Ce texte présente la vocation de l'homme à être avec Dieu et en Dieu, et décrit en même temps l'accomplissement et la réalisation de tous les mondes à la fin des temps :

« Et il me transporta en esprit sur une grande et haute montagne. Et il me montra la ville sainte, Jérusalem, qui descendait du ciel d'auprès de Dieu, ayant la gloire de Dieu. Son éclat était semblable à

---

1. Brinkley (Dannion), Perry (Paul), *Sauvé par les anges*, Paris, Robert Laffont, 1995.

celui d'une pierre très précieuse, d'une pierre de jaspe transparente comme du cristal. Elle avait une grande et haute muraille. Elle avait douze portes, et sur les portes douze anges, et des noms écrits, ceux des douze tribus des fils d'Israël [...] La ville avait la forme d'un carré, et sa longueur était égale à sa largeur. Il mesura la ville avec le roseau, et trouva douze mille stades ; la longueur, la largeur et la hauteur en étaient égales. [...] La muraille était construite en jaspe, et la ville était d'or pur, semblable à du verre pur. Les fondements de la muraille de la ville étaient ornés de pierres précieuses de toute espèce : le premier fondement était de jaspe, le second de saphir, le troisième de calcédoine, le quatrième d'émeraude, le cinquième de sardonyx, le sixième de sardoine, le septième de chrysolithe, le huitième de béryl, le neuvième de topaze, le dixième de chrysoprase, le onzième d'hyacinthe, le douzième d'améthyste. Les douze portes étaient douze perles ; chaque porte était d'une seule perle. La place de la ville était d'or pur, comme du verre transparent. Je ne vis point de temple dans la ville ; car le Seigneur Dieu Tout-Puissant est son temple, ainsi que l'Agneau. La ville n'a besoin ni du soleil ni de la lune pour l'éclairer ; car la gloire de Dieu l'éclaire, et l'Agneau est son flambeau[1]. »

Dieu est la Lumière qui traverse tout ce qui est. L'accord entre les descriptions contenues dans ce passage de la Bible et les EMI est fascinant : la réalité spirituelle de l'au-delà est visuellement perçue

---

1. *Bible de Luther*, Apocalypse, 21, 10-23.

de la même manière à travers les millénaires. Le sentiment de familiarité, l'impression d'être chez soi dont parlent les témoins, sont dus au fait qu'en notre for intérieur nous connaissons ce lieu : nous en venons et nous y retournerons.

La terre nouvelle et les cieux nouveaux qui nous sont destinés existent à un autre niveau de l'être, un niveau dont, à notre époque de bouleversements, nous découvrons des aperçus toujours plus importants. Lorsqu'il est question, dans les nombreux ouvrages spirituels, d'une transformation de la conscience sur terre et de l'ascension de l'homme au-delà de la réalité à trois dimensions, cela ne signifie rien d'autre que l'unité de toute vie dans le règne de Dieu.

Rencontres avec des personnes décédées

La rencontre avec des proches décédés est l'un des éléments essentiels de l'EMI. Nombre de témoins rapportent avoir été accueillis par des personnes décédées dès leur passage vers l'autre monde.

Une femme raconte :

« J'étais encore en train de m'élever à toute allure dans ce tunnel sombre en forme de spirale, me dirigeant vers la lumière ; puis à mon grand étonnement j'ai vu mon grand-père, qui était mort cinq ans auparavant, et ma tante, qui était passée dans l'au-delà seulement quelques mois plus tôt. Mais ce qu'il y avait d'étonnant, c'était la présence de ma grand-mère, que dans ma vie je n'avais connue que par des photos, car elle

75

était morte avant ma naissance. Tous m'ont saluée avec un amour indicible. Je me sentais absolument protégée. »

Ce « comité d'accueil » est constitué des personnes décédées que nous avons le plus chéries. Elles ressemblent à ce qu'elles étaient aux meilleurs moments de leur vie : même si de grandes douleurs les ont consumées avant leur mort ou si des handicaps physiques ou mentaux les ont diminuées, tous les signes de maladie disparaissent. L'âme garde toujours son intégrité et ne peut jamais être détruite : elle est entière et en bonne santé.

Ainsi certains décrivent-ils les retrouvailles avec un proche bien-aimé d'une manière presque extatique, comme cette femme :

« J'ai regardé à gauche et j'ai été surprise de voir ma plus jeune sœur auprès d'une superbe cascade. Elle regardait vers une sorte de pont caché. J'étais si heureuse de la retrouver dans toute sa beauté et sa jeunesse. Elle était morte trois ans plus tôt d'un cancer à l'âge de cinquante ans ; sa mort avait été une libération. Je crois que Dieu voulait attirer mon attention, car ma sœur Margaret portait mon pantalon préféré[1]. »

La communication s'effectue par télépathie – un échange de pensées qui ne passe pas par la parole, qu'une femme décrit de la manière suivante :

---

1. Högl (Stefan), *op. cit.*

« C'était comme par une fenêtre – alors que j'étais dans la lumière, j'ai trouvé mon grand-père et sa femme, ainsi que l'épouse d'un de mes professeurs avec qui je m'étais liée. Nous avons "parlé" ensemble, nous pouvions nous "voir", et nous nous ressentions mutuellement comme des "hommes" – c'était une atmosphère si pleine d'amour ! Mais cette "conversation" se faisait sans paroles, nous nous comprenions sans qu'il y ait besoin de communication[1]. »

Dans les EMI, il n'est pas rare que les témoins relatent des rencontres avec des personnes dont ils ne savaient pas qu'elles étaient décédées. Renate raconte :

« De derrière les arbres apparurent des défunts que je connaissais et d'autres que je ne connaissais pas. On distinguait nettement leurs visages. »

Puis elle rencontre inopinément sa tante Cilla.

« "Tu es ici, toi aussi ?" Tante Cilla est souriante, à côté de son père. Il s'est avéré par la suite que tante Cilla était décédée peu avant l'EMI[2] ! »

L'exploration des expériences réalisées par les enfants a révélé que ceux-ci n'ont jamais perçu de

---

1. *Ibid.*
2. Ewald (Günter), *An der Schwelle zum Jenseits. Die natürliche und die spirituelle Dimension der Nahtoderfahrungen (Au seuil de l'au-delà. La dimension naturelle et spirituelle des expériences de mort imminente)*, Mayence, 2001.

personnes vivantes pendant leurs passages extracorporels. Elisabeth Kübler-Ross a constaté que les enfants avaient conscience de la présence des personnes qui les aimaient, parmi lesquelles on trouve toujours les proches de l'enfant déjà décédés. Cela peut également être une grand-mère qu'ils n'ont pas du tout connue. Voici un exemple :

« "Oui, à présent tout va bien. Maman et Peter m'attendent déjà", dit un jeune garçon. Avec un léger sourire de satisfaction, il a de nouveau glissé dans le coma et a accompli ce passage que l'on appelle la mort. Je savais que sa mère était décédée sur le lieu de l'accident, mais Peter n'était pas mort. Il avait été transporté en unité spécialisée dans un autre hôpital, avec des brûlures très graves, car la voiture avait pris feu avant qu'on ait pu l'extraire. Comme je ne faisais que réunir des données, j'ai accepté ce que disait le jeune garçon et j'ai décidé de rechercher Peter. Mais cela n'a pas été nécessaire, car immédiatement après, j'ai reçu un appel d'un autre hôpital pour m'informer que Peter était mort quelques minutes avant[1]. »

Il arrive aussi parfois que l'on rencontre des personnes décédées que l'on ne connaissait pas. Les témoins apprennent alors, au moment de retourner dans leur corps, qu'il s'agissait de personnes décédées de leur famille, qu'ils ne connaissaient pas.

Pim van Lommel cite un exemple de ce type :

_____
1. Kübler-Ross (Elisabeth), *La Mort et l'Enfant*, Genève, Tricorne, 1986.

« Un patient m'a raconté que pendant son EMI, causée par un arrêt cardiaque, il avait vu non seulement sa grand-mère, mais aussi un homme qui le regardait avec amour, mais qu'il ne connaissait pas. Plus de dix ans après, il a appris, par sa mère mourante, qu'il était un enfant illégitime. Son père était un Juif, mort en déportation pendant la Seconde Guerre mondiale. Sa mère lui montra la photo : c'était l'inconnu qu'il avait vu pendant son EMI. Cet homme était son père biologique[1]. »

Les affirmations des personnes ayant vécu une EMI concordent pour l'essentiel avec les récits de rencontres spontanées avec des personnes décédées. Au cours des rêves ou d'apparitions en état de veille, les morts sont le plus souvent perçus tels qu'ils étaient aux meilleurs temps de leur vie, même quand une longue et douloureuse maladie a précédé la mort. Cela nous montre que l'âme est toujours entière et en bonne santé. Les morts entrent en contact avec nous tels que nous les avons connus. Il n'est pas rare de les voir apparaître dans leur tenue vestimentaire préférée.

Elisabeth m'a écrit :

« Mon fils avait été emporté par un grave accident de voiture. Il avait été sévèrement mutilé, ce qui avait redoublé mon chagrin. Un jour, j'étais assise sur la terrasse de notre maison et je regardais le ciel avec désespoir. Je priais sans cesse pour recevoir un

---

1. Van Lommel Pim (Division of Cardiology, Hospital Rijnstate), in *The Lancet*, 358/2001, p. 2039 sq.

signe. Soudain, mon fils est arrivé vers moi en courant. J'étais totalement surprise, car je croyais rêver, mais non, j'avais ma tasse de café à la main. Il portait un jean bleu clair délavé et un T-shirt jaune déteint. C'était exactement la tenue qu'il portait toujours à la maison. Pendant cette apparition, je ne voyais plus rien de ses mutilations. Mon fils m'a dit par télépathie qu'il allait bien. Dans les semaines suivantes, je me suis sentie bien mieux. »

Les contacts *post mortem* sont pour les vivants une preuve que la vie se poursuit après la mort et que nous ne sommes pas séparés des morts.

Dans les visions de lit de mort, les mourants remarquent la présence de proches décédés qui veulent venir les chercher. Une femme accompagnant les personnes en fin de vie m'a raconté :

« M. P., âgé de quatre-vingt-douze ans, souffrait depuis des semaines de graves difficultés respiratoires et de très graves problèmes de circulation. Le personnel soignant et moi-même étions très étonnés qu'il ne parvienne pas à mourir. Il était très agité, et j'avais l'impression qu'il attendait quelque chose. Quelques heures avant sa mort, il s'est soudain détendu et ses difficultés ont diminué. Ses yeux avaient l'air absents, mais étaient éclairés de l'intérieur. Lorsque je lui ai rendu visite ce jour-là, il était dans un état de ravissement, de béatitude. En souriant, il m'a dit : "Voyez-vous, j'ai toujours cru à la vie après la mort, mais j'étais très déçu de n'avoir jamais ressenti la présence de ma mère. Elle est morte il y a plus de cinquante ans. Mais ce matin, je l'ai vue debout près de mon

80

lit." M. P. avait les larmes aux yeux. "Elle m'a dit que je serais bientôt auprès d'elle." Se sentant aimé et attendu par l'apparition de sa mère, il est mort paisiblement, une heure après. »

La perception d'anges et d'êtres spirituels

L'au-delà n'est pas seulement le lieu où nous retrouvons ceux qui nous ont précédés dans la mort : c'est aussi un pays peuplé d'innombrables anges et êtres spirituels pleins d'amour. « Être spirituel » est un concept général qui comprend non seulement les défunts mais aussi des êtres situés à un niveau supérieur, qui enseignent aux âmes et qui les soutiennent dans leur développement. Il est difficile de distinguer les habitants du monde spirituel. C'est ce que montre la description que fait un homme de ses impressions sur les habitants de l'autre monde. De son point de vue, les êtres qu'il rencontre semblent être uniquement des humains.

« Après avoir flotté dans les airs, je suis passé dans une sorte de tunnel sombre, dans lequel j'ai disparu ; puis je suis arrivé dans une sorte de félicité radieuse. Peu après, j'ai été entouré par mes grands-parents, mon père et mon frère, qui étaient déjà décédés. Tout autour de moi brillait une lumière magnifique, resplendissante. L'environnement était lui aussi superbe. Il y avait là des couleurs d'une clarté éclatante, pas comme ici sur terre, mais d'une intensité indescriptible. Il y avait des gens, des gens heureux. Ils étaient proches de moi, certains formaient de petits groupes. Certains étaient occupés à étudier[1]. »

Une autre catégorie d'habitants du royaume de l'au-delà est celle des anges. D'après les récits bibliques relatant des rencontres d'hommes avec Dieu, ou bien celui-ci s'adresse directement aux hommes (« Dieu parla... »), ou bien il se sert d'un intermédiaire. C'est de là que provient le concept d'ange, qui signifie littéralement « messager ». Dans l'Ancien Testament, seuls ces messagers sont appelés anges, non les êtres spirituels qui servent au règne de Dieu sur le monde. Les anges au sens strict du terme désignent la neuvième classe, la classe inférieure, au sein de la hiérarchie des chœurs des anges. Ce sont eux qui sont les plus proches des hommes ; ils transmettent à chacun, quels que soit son rang, la lumière et la sagesse. Ils sont, avec les archanges (les intermédiaires principaux entre Dieu et les hommes qui sont responsables du bien des peuples), les gardiens de toutes les choses spirituelles. Pour cette raison, il n'est pas très étonnant que les anges aient reçu la charge d'assister les hommes lors de leur passage dans l'au-delà.

Dans les récits de mort approchée, ils font souvent office d'accompagnateurs vers l'autre monde. Une femme m'a raconté à ce propos au cours d'une conversation téléphonique :

---

1. Moody (Raymond), *La Vie après la vie*, Paris, Robert Laffont, 1977.

« Je me suis mise à flotter au-dessus de mon corps, puis j'ai été aspirée dans un tunnel obscur. J'avais peur, mais j'ai remarqué la présence d'un ange à mes côtés, qui a pris ma main. Je ne sais pas s'il s'agissait de mon ange protecteur personnel, mais la douceur avec laquelle il m'a touchée m'a donné un sentiment de sécurité tel que je n'en avais encore jamais éprouvé. En compagnie de l'ange, j'ai avancé en flottant vers la lumière. »

Les rencontres avec les anges peuvent aussi revêtir des formes plus complexes. Un jeune homme de quinze ans a fait le récit suivant, que rapporte Melvin Morse :

« À l'âge de cinq ans, il est tombé de très haut. Sa chute a duré longtemps avant d'atteindre le sol, car il est tombé de six mètres. Pendant sa chute, un ange lui est apparu, une femme, pour laquelle il a ressenti un immense amour. Il n'avait jamais aimé personne de la sorte. La femme lui dit : "Tu dois tenir ta tête d'une certaine manière. Si tu la tiens comme cela, il ne t'arrivera rien." Après sa chute, il a été transporté à l'hôpital où les médecins ont expliqué à sa mère qu'il n'avait survécu que parce que son corps se trouvait dans une certaine position lors de la chute. Sinon, il se serait cassé la nuque. Comment cette heureuse circonstance s'était-elle produite, le jeune homme ne parvenait à l'expliquer que par l'apparition de l'ange[1]. »

---

1. Hauck (Rex) (sous la dir. de), *Les Anges : mystérieux messagers*, Ivry-sur-Seine, Éditions de l'homme, 1995.

Les adultes font moins souvent l'expérience de rencontres avec les anges que les enfants. Cela tient au fait que les enfants ont encore une relation plus ouverte avec les êtres spirituels. Les témoins mentionnent souvent la présence d'anges au moment du retour dans leur corps : ceux-ci renvoient le témoin sur terre. Une femme m'a raconté :

« Je vis un ange de grande taille, avec des ailes gigantesques, blanc et or. Il portait un vêtement blanc. L'ange m'adressa la parole : "Ta vie n'est pas encore terminée. Retourne sur terre." »

Dans les contacts *post mortem*, les anges accompagnent parfois les défunts qui font une visite à leur proche resté en arrière.

Une femme m'a écrit :

« Mon fils Thomas est mort à l'âge de cinq ans, après un accident de voiture. Pendant des mois, j'étais pétrifiée, je ne pouvais admettre sa mort. Je récriminais contre Dieu et l'accusais d'avoir laissé cela se produire. Je ne trouvais plus de repos. Une nuit, j'ai remarqué une lumière claire dans ma chambre. La lumière s'est élargie, et face à moi se tenait un ange de grande taille, une personnification de l'amour et de la bonté. Au centre de l'apparition, j'ai vu mon fils, qui faisait partie de cet être de lumière. Alors j'ai su que je ne devais plus me faire de souci pour mon fils. »

Les anges sont souvent perçus par les mourants au cours des dernières heures avant leur mort. Ils sont considérés comme les messagers de la mort.

Le maître spirituel White Eagle réfute cette idée. Il écrit :

« L'ange de la mort n'est pas une figure qu'il faut considérer avec terreur, comme on se le représente d'habitude ; il ne faut pas l'imaginer comme un être froid et cruel. Si l'on lève le voile, se révèle un visage d'une indicible compassion, d'une bienveillance et d'un amour infinis[1]. »

Une femme m'a raconté pendant un séminaire :

« J'ai accompagné mon mari jusqu'au moment de sa mort. Peu de temps avant son passage, il s'est mis à regarder sans cesse le mur d'en face. Son visage s'est illuminé d'un sourire éclatant. Il ne cessait de s'exclamer : "C'est incroyable. Quelle beauté sublime !" Je lui ai alors demandé ce qu'il voyait. "Je vois la plus belle chose que j'aie jamais vue. Il y a là un ange aux ailes scintillantes d'or qui me fait signe. Oh, comme c'est beau ! Il est là pour venir me chercher." Mon mari est mort dans mes bras peu de temps après. »

La liaison avec la totalité du savoir et la fusion avec Dieu

L'être de lumière ne transmet pas seulement le sentiment de l'amour inconditionné et du bonheur ;

---

1. White (Eagle), *In der Stille liegt die Kraft* (*Dans le silence réside la force*), Grafing, Aquamarin Verlag, 2000.

il ouvre aussi l'accès au savoir universel. Certaines personnes rapportent que cette fusion dans la totalité du savoir a lieu après la vision du défilement de la vie. C'est ce que montre le récit d'une femme :

> « Cela s'est produit après la vision du souvenir de ma vie. C'était comme si, d'un coup, tout le savoir – de tout ce qui s'est produit depuis l'origine des temps et tout ce qui aura lieu pour l'éternité à venir –, c'était comme si, l'espace d'une seconde, j'avais compris tous les secrets de tous les temps, toutes les énigmes de l'univers, sur les étoiles, la lune, sur tout. Lorsque j'ai décidé de revenir, j'ai perdu tout ce savoir – tous les souvenirs s'étaient évanouis. Au moment de prendre la décision de rester ou de rentrer, on m'a fait comprendre, semble-t-il, que je ne conserverai pas ce savoir[1]. »

Il y a dans le monde spirituel un domaine où toutes choses passées, présentes et à venir existent dans un état immuable, intemporel. Durant une EMI, l'état de conscience élargie permet d'accéder à ce niveau de l'être, libérant de gigantesques quantités d'informations. Ceux qui ont vécu cette entrée dans le savoir universel au cours de leur EMI ont eu une expérience plus longue et plus riche que ceux qui ne relatent qu'un nombre limité des étapes clés. La conscience s'élargit de nouveau, si bien que certains parlent d'une forme d'illumination – c'est bien ainsi que l'on décrit parfois cet accès, pendant

---

1. Moody (Raymond), *op. cit.*

une fraction de seconde, au savoir total de la totalité. Il est également possible de parvenir spontanément à cette connaissance par des expériences mystiques, par une profonde méditation, par des expériences religieuses ou des états psychédéliques (induits par des drogues). Les témoins d'EMI racontent tous que ce savoir se perd au moment de réintégrer son corps. Ils conservent pourtant la certitude que tout l'être est en ordre et en harmonie, que tout est amour et sagesse. Le moment où le témoin ne fait plus qu'un avec la totalité du savoir est décrit comme une sorte de présent éternel de l'instant. Dans le cas présenté ci-dessous, une femme a même une vision fugitive de sa vie à venir :

« Ce savoir tout-puissant s'est révélé à moi. C'est comme si on me faisait comprendre que je resterais encore longtemps malade et qu'à plusieurs reprises je verrais ma fin proche. Et en effet, je me suis ensuite trouvée plusieurs fois dans un état très grave. Il semblerait que cela ait servi en partie aussi à effacer ce savoir de la totalité que j'avais enregistré en moi... comme si j'avais été initiée à ces grands secrets et que j'avais besoin de temps pour oublier de nouveau tout ce savoir. La seule chose dont j'aie gardé le souvenir, c'est que j'ai une fois tout connu, que cela a bien eu lieu, mais qu'il s'agissait d'un don que je ne pourrais pas garder avec moi lorsque je repartirais. Pourtant, j'ai décidé de retourner auprès de mes enfants... Le souvenir de tout ce qui s'est produit à ce moment-là m'est resté très clair, à l'exception de cet instant fugace de connaissance absolue. Et ce sentiment de tout savoir a disparu au moment où je rentrais dans mon corps[1]. »

Ce savoir est représenté sous forme visuelle, acoustique, ou sous forme de pensées. Les différents modes de compréhension s'entremêlent. Les témoins puisent dans la présence de la totalité du savoir, jusqu'à savoir tout eux-mêmes. Il est frappant de constater dans les récits disponibles que le savoir dans l'au-delà est situé dans un lieu spécifique, parfois décrit comme une institution de savoir, par exemple une école ou une bibliothèque. Un homme m'a dit :

« C'est qu'il s'agit d'un endroit où le lieu lui-même est connaissance... le savoir et l'information sont disponibles – tout le savoir... c'est comme si on l'aspirait... En un clin d'œil, on connaît déjà la réponse à toutes les questions... C'est comme si on se concentrait mentalement sur un point, une sorte de point focal, et d'un coup on aspire le savoir en provenance de l'endroit en question, de manière totalement automatique. Ça va très vite, comme si on avait appris la lecture rapide puissance dix[2]. »

Dannion Brinkley mentionne lui aussi ce lieu du savoir :

« J'ai su alors avec une certitude absolue qu'il s'agissait d'un lieu de savoir. J'allais être plongé dans la

---

1. *Ibid.*
2. *Ibid.*

connaissance et recevoir un enseignement tel que je n'en avais encore jamais reçu... Je n'avais qu'à penser à une question, et l'essence de la réponse m'apparaissait tout de suite clairement. En une fraction de seconde, j'ai compris comment fonctionne la lumière, comment l'esprit entre dans le monde physique, pourquoi les hommes peuvent penser et agir de manière aussi variable[1]. »

Chez certains témoins, l'expérience dépasse même la liaison à la totalité du savoir – elle mène à une union mystique avec Dieu. Le potentiel de notre conscience est illimité : il peut englober tous les phénomènes de l'univers. On parle parfois d'une unification cosmique avec toutes les choses.

Beverly ne parvient pas seulement à accéder à la totalité du savoir ; après un voyage inimaginable à travers l'univers, elle arrive à une union avec Dieu. Elle fait l'expérience de l'être pur, dans lequel se fond tout ce qui l'entoure :

« J'ai fait cette expérience indescriptible : la communion avec l'être de lumière ; j'étais emplie non plus seulement de la totalité du savoir, mais aussi de la totalité de l'amour. C'était comme si la lumière se répandait en moi et à travers moi. J'étais l'objet de l'amour divin ; Son/notre amour me donnait la vie et la joie, une joie au-delà de tout ce qu'on peut imaginer. Mon être a été transfiguré. Mes aveuglements, mes péchés, mes fautes – tout a été pardonné, effacé

---

1. Brinkley (Dannion), Perry (Paul), *op. cit.*

sans que je l'aie demandé : je n'étais qu'amour, être originel et béatitude. Et en un sens, je reste là-bas pour toujours. Une telle union ne peut pas être déliée. Elle a toujours été, elle est toujours, et elle demeurera toujours[1]. »

Nous reviendrons plus tard sur les expériences de Dieu.

b) Témoignages d'expériences de régression

Réincarnation et karma

La doctrine de la réincarnation s'appuie sur l'idée que l'âme d'une personne défunte renaît dans un autre corps pour une nouvelle vie. L'origine de cette pensée réside pour l'essentiel dans les conceptions asiatiques du monde, telles que l'hindouisme et le bouddhisme.

Par hindouisme, il faut entendre le monde religieux très complexe de l'Inde. Les fondements de la foi sont des textes appelés *Vedas*. Vers 1000 avant J.-C., des migrants d'origine indo-européenne se revendiquèrent comme la caste des prêtres ; ils contrôlèrent les écrits sacrés et les cérémonies. C'est sous la domination de ces prêtres, nommés brahmanes, que sont apparues les doctrines sacrées, les *Upanishads*, qui contiennent l'idée centrale de la doctrine hindouiste : le dogme de la réincarnation.

---

1. Ring (Kenneth), Elsaesser-Valarino (Evelyn), *op. cit.*

Selon cette doctrine, les circonstances de la vie de chaque être sont déterminées par le savoir qu'il a acquis et par les actes qu'il a réalisés au cours de son existence précédente, par les conséquences qu'il a soi-même produites, c'est ce que l'on appelle le *karma*. Les âmes sont prises dans un cycle quasi infini. La roue des réincarnations continue de tourner tant que l'âme ne s'est pas délivrée de ce cercle, ce à quoi elle peut parvenir en agissant selon son devoir et sans égoïsme, ce qui correspond au principe de l'amour inconditionné. L'âme entre ensuite en Dieu.

Le bouddhisme enseigne lui aussi la réincarnation, mais il est pris dans un dilemme, car de nombreux courants bouddhistes rejettent l'existence de l'âme. C'est pourquoi ils ont des difficultés à expliquer comment une réincarnation peut avoir lieu. Dans le bouddhisme tibétain, ces représentations sont différentes, car toutes les versions du légendaire *Livre des morts tibétain* mentionnent différents états de l'âme après la mort.

Le *Livre des morts tibétain*, consigné pour la première fois au VIIIᵉ siècle, s'appuie sur une longue tradition orale secrète portant sur tout ce qui se produit au moment de la mort. Les moines tibétains s'asseyaient auprès des mourants et décrivaient leurs observations sur les processus internes et externes de la mort. Les moines bouddhistes, par leur vie entière consacrée à la méditation, parvenaient à percevoir les processus subtils de la mort. Ils connaissaient donc en partie les expériences de l'âme après la mort terrestre.

Le concept clé du *Livre des morts* est ce que l'on appelle le *bardo*, qui doit être compris comme un état de l'au-delà, intermédiaire entre différentes vies. Au moment de la mort, l'âme a la possibilité de parvenir à l'illumination et à la délivrance si le défunt ne se laisse pas dévoyer par les apparitions trompeuses que lui présente son esprit. Le *Livre des morts tibétain* décrit trois états de conscience différents après la mort.

L'instant de la mort, dans le premier *bardo*, est la meilleure occasion d'être délivré. La lecture du *Livre des morts* par un lama ou un moine dans les quarante-neuf jours qui suivent le décès doit permettre de rappeler au défunt son savoir, afin qu'il parvienne à la délivrance.

Dans le deuxième *bardo*, le défunt rencontre la véritable nature des choses, la lumière blanche, éclatante, le vide dont tout émane. Si, par sa vie terrestre, il se libère des conséquences de ses bonnes et mauvaises actions (le karma), il peut, au moment de sa rencontre avec la lumière originelle, entrer en celle-ci. Il est alors délivré et exempté d'une nouvelle renaissance. La plupart des gens n'y parviennent pas, car leur karma est encore trop puissant. Le choc de la mort les plonge alors dans une sorte d'évanouissement.

Pour le défunt commence dès lors le temps des illusions karmiques, des visions et des mythes, dans lesquels les couleurs qui apparaissent revêtent une signification spécifique : les lumières blanche et bleue sont les couleurs de l'éternité. La lumière jaune symbolise tout ce qui est terrestre, ce dont le mort doit se libérer. L'âme rencontre ensuite la lumière rouge, la couleur du feu. Elle doit renoncer à elle-même et méditer. En quatrième lieu se trouve la lumière verte, qui symbolise l'élément aérien. À sa vue, l'âme est saisie d'un sentiment de jalousie, mais elle ne doit pas s'enfuir. Au royaume des couleurs, l'âme doit comprendre que toutes les lumières troubles conduisent en enfer et provoquent une renaissance à un stade inférieur. Le défunt doit donc s'orienter vers les lumières claires.

Le *Livre des morts tibétain* décrit les différents états de l'âme humaine par confrontation avec les divinités. Le mort rencontre d'abord des entités paisibles, qui se métamorphosent ensuite en êtres hostiles et furieux qui menacent de le détruire et de l'anéantir. Il s'agit alors pour l'âme de comprendre qu'elle ne doit pas prendre peur, car en réalité elle ne peut être détruite ni blessée. Il est essentiel de savoir que ces figures terrifiantes proviennent des représentations psychiques propres du défunt. Celui-ci doit renoncer à ses désirs terrestres (par exemple l'aveuglement, le désir des honneurs) afin de trouver la délivrance.

Puis l'âme entre dans le troisième et dernier *bardo* : le processus de réincarnation. L'esprit du défunt est tourmenté par son karma non libéré ; il ne peut pas fuir ses propres simulacres. Il est confronté à ses propres défauts : l'envie, la haine, l'ignorance. C'est pourquoi il espère obtenir enfin un nouveau corps. L'âme ne peut vaincre la souffrance que par la connaissance d'elle-même.

À travers l'Histoire, on trouve mention de diverses conceptions de la réincarnation dans toutes les cultures, même dans celles qui ne sont pas entrées en contact avec la tradition indienne. De grandes tribus d'Indiens d'Amérique ont développé ce type de représentations, de même que les Esquimaux, les Vikings et les Celtes. La croyance en une renaissance dans un nouveau corps est également répandue parmi les tribus africaines et les peuples polynésiens : on voit donc que toutes ces pensées sur la réincarnation ont un fondement universel dans l'expérience humaine.

En principe, le judaïsme et l'islam officiels rejettent la réincarnation. On trouve pourtant dans ces deux religions des traditions mystiques dans lesquelles des initiés ont abordé des questions liées à la réincarnation et ont rédigé d'innombrables écrits sur le sujet.

Dans la conception chrétienne, l'homme n'a qu'une vie sur terre, au cours de laquelle il prend parti pour ou contre Dieu. L'Église officielle récuse jusqu'à présent strictement la possibilité de continuer son développement psychique et spirituel par une multiplicité de vies.

Au début de l'ère chrétienne, les gnostiques enseignaient la réincarnation. Ils croyaient que Jésus en avait parlé à ses disciples. Origène (185-253), l'un des Pères de l'Église, aurait défendu la doctrine de la réincarnation dans un nouveau corps. Il fut cependant condamné en 553 lors du concile de Constantinople. L'empereur Justinien a banni et éliminé du christianisme la doctrine de la réincarnation. Depuis, elle est interdite par l'Église officielle.

Pourtant, au cours de l'histoire spirituelle euro-péenne, de grands penseurs et poètes ont traité de la réincarnation de l'homme. Le penseur alle-mand Gotthold Ephraim Lessing passe pour son plus important défenseur. Mais les philosophes Georg Wilhelm Friedrich Hegel et Johann Gott-fried Herder et même Johann Wolfgang von Goethe et Friedrich Schiller ont laissé des écrits littéraires et philosophiques sur la réincarnation. C'est d'ailleurs vrai de l'ensemble de la littérature occidentale.

Le concept de karma

La conception de la réincarnation est liée aux notions de cause et d'effet, qui relient les diffé-rentes vies de l'homme en une suite sensée.

Afin que l'homme puisse développer sa person-nalité, il a besoin d'une motivation, sans laquelle aucun accroissement de l'âme n'est possible. Ces forces motrices, ces impulsions sont désignées sous le terme de karma. La signification littérale du mot karma est « action ». C'est par ses actions qu'un homme fait de lui ce qu'il est. Le karma est la force divine en chacun de nous, qui produit l'ordre, l'équilibre et la compensation des actions. C'est pourquoi toute action retombe sur son auteur. Le karma est la loi de la cause et de l'effet.

Comme nous ne sommes pas conscients de la puis-sance de nos pensées et de nos actes, nous prenons leurs effets et leurs conséquences, qui surviennent à certains moments de notre vie, pour le destin. L'idée selon laquelle le karma n'est lié qu'à des renaissances éloignées est très largement exagérée. La plupart des conséquences se produisent dans la même vie que celle où les pensées et les actes ont eu lieu.

Dans la pratique, le karma est la conséquence de nos pensées et actions. Il s'agit d'une loi inviolable de l'esprit, qui vaut pour tout homme. On trouve ce principe énoncé dans la Bible sous la forme suivante : « Ce que tu sèmes, tu le récoltes. »

Le karma est le principe qui énonce que les conséquences de nos actes sont inéluctables. Mais, en réalité, notre destin n'est que partiellement entre nos mains. Il y a dans la vie des limites avec lesquelles nous devons vivre. Outre l'élément du libre arbitre, de la liberté intérieure de l'homme, existe une chaîne cachée de causes qui nous relie aussi à nos vies antérieures. Ainsi, le karma et la liberté coexistent[1].

La connaissance de ces tenants et aboutissants peut s'avérer d'une grande utilité pratique pour notre vie, car ce savoir concernant les effets du karma est profondément inscrit dans notre conscience. Lorsque nous nous rendons compte de ce que nous avons provoqué, nous pouvons influencer et modifier notre propre destin.

---

1. Voir Brunton (Paul), *What is karma ? (Karma. Chaîne de causes et d'effets)*, New York, Larson Publications, 1999.

Les principaux résultats de la recherche

Ian Stevenson est le plus célèbre des chercheurs actuels travaillant sur la réincarnation. Pour lui, la renaissance est une expérience humaine courante. Stevenson a publié des milliers de cas vérifiés, dans toute la précision de leurs détails.

Au cours de son activité de chercheur qui dure depuis près de cinquante ans, il a surtout travaillé sur les déclarations spontanées des enfants. Il a consacré l'essentiel de son attention à leurs souvenirs de vies antérieures dans un autre corps, en d'autres lieux et avec des personnes différentes. Chez nombre de ces enfants, des cas de *xénoglossie* sont survenus – c'est-à-dire la capacité de parler une langue étrangère inconnue, souvent ancienne, avec laquelle ces enfants n'avaient jamais eu de contact auparavant. Il a commencé par collecter des récits sur ce sujet en Asie, mais il a ensuite découvert des cas en Amérique et en Europe. Ian Stevenson est mort le 8 février 2007.

Stevenson a vérifié méticuleusement chaque cas de réincarnation. Le plus souvent, il a même enquêté sur place. Il a interrogé des témoins, comparé les indications de lieux et de personnes et a étudié l'environnement social correspondant. Chaque cas particulier a été vérifié face aux autres explications possibles, telles que la télépathie ou la possession par un défunt. L'érudit a ainsi cherché à démontrer que l'âme humaine prend une forme physique plus d'une fois. Son objectif déclaré était de faire sortir la réincarnation du domaine des croyances pour la faire entrer dans le monde des faits. Voici un cas très brièvement résumé. Dans ses livres, Ian Stevenson analyse très en détail ce type de récits[1, 2].

Sumitra Singh a eu à l'âge de dix-sept ans des crises de spasmophilie. Elle affirmait qu'elle allait mourir trois jours plus tard. En effet, le jour dit, elle perdit conscience, et lorsqu'elle s'éveilla, elle affirma être une femme du nom de Shiva,

> « [...] qui avait été assassinée par le parent auquel elle avait été mariée. Ce qu'elle a raconté sur sa vie a en effet pu être mis en relation avec la vie d'une dénommée Shiva Diwedi, qui avait connu une mort violente. Cela ne s'est en fait révélé qu'au bout de plusieurs mois : les parents de Singh la tenaient simplement pour dérangée et n'ont rien entrepris pour vérifier ses affirmations[3] ».

Stevenson a eu connaissance de ce cas et, pendant deux ans, il a interrogé des dizaines de personnes à ce propos. Il a découvert que Singh, qui n'avait pas du tout été à l'école, et savait à peine lire et écrire, se comportait, dans son état de possession apparente, comme une membre d'une caste supérieure et était capable de lire et écrire couramment

1. Voir Stevenson (Ian), *European Cases of the Reincarnation Type (La réincarnation en Europe. Récits d'expériences vécues)*, Jefferson, McFarland & Company, 2003.

2. Voir Stevenson (Ian), *Réincarnation et biologie*, Paris, Dervy, 2002.

3. Hoffmann (Arne), *Lexikon des Jenseits, Lexique de l'au-delà*, Güllesheim, Siberschnur, 2005.

l'hindi. Il a également constaté que les deux familles vivaient dans deux villages éloignés, ne s'étaient jamais rencontrées et appartenaient à une caste et à une classe sociale très différentes. Singh a reconnu les membres et les proches de l'autre famille, sans les avoir vus auparavant, mais n'était plus en mesure de reconnaître les lieux et les personnes de sa propre existence. Son caractère était également devenu semblable à celui de la défunte[1].

Dans l'ensemble de ses travaux, Stevenson a présenté des milliers de cas analogues. Parmi les collègues renommés qui ont mené des recherches de ce type, il faut nommer Erlendur Haraldson, Jan Erik Sigdell, Edith Fiore ou, en Allemagne, Trutz Hardo et Thorwald Dethlefsen.

On trouve dans les travaux sur la réincarnation quelques cas contenant des données concrètes et vérifiables concernant une vie antérieure. Il ressort des recherches menées actuellement à l'université de Virginie que les données collectées sur les souvenirs de vies antérieures, quels que soient les modèles explicatifs (perception extrasensorielle, possession, mais aussi besoin de vengeance ou désir de sensationnel), s'expliquent avant tout par une renaissance effective. Ce que l'on appelle la sensation de déjà-vu est également tenu pour une preuve. Il s'agit du sentiment d'avoir déjà vécu une situation donnée, ou d'avoir déjà été dans des lieux que l'on visite pour la première fois.

Une femme m'a raconté :

---

1. Stevenson, *op. cit.*

« L'année dernière, j'ai fait un voyage à Corfou avec ma famille. Je n'avais encore jamais vu cette magnifique île grecque, ni lu de livres sur ce sujet. Dès le trajet vers notre hôtel, j'ai eu un sentiment singulier de familiarité. Je connaissais cette rue, que nous suivions, et j'ai soudain su que je m'étais déjà trouvée là une fois. J'ai demandé à mon mari de s'arrêter et je suis descendue de voiture. Sans pouvoir la voir, je savais que derrière cette rangée de maisons se trouvait une petite chapelle. J'ai marché sur l'étroit sentier et j'ai vu cette chapelle, qui correspondait exactement à mon image intérieure. Depuis lors, j'ai le sentiment vague d'avoir déjà vécu une fois. »

Un tel cas de déjà-vu reste une question d'interprétation. Quoi qu'il en soit de la possibilité que cette femme ait déjà vécu une incarnation antérieure au même endroit, de tels événements peuvent s'expliquer par des perceptions extrasensorielles ou par des rêves dont on a oublié le contenu.

Il est très difficile de démontrer la réalité de la réincarnation. On trouve dans la littérature spécialisée bien trop de cas qui ne peuvent être ni vérifiés ni infirmés par aucune enquête. De nombreux cas sont irritants, comme celui de Said Bouhamsy, sur lequel a enquêté Ian Stevenson. Après la mort de Said, deux hommes distincts se souvenaient d'avoir été cet homme dans une vie passée. Les deux, indépendamment l'un de l'autre, ont rapporté des détails précis de la vie de Said.

L'une des explications possibles de ce genre d'aberrations est que les souvenirs d'une vie antérieure proviennent d'un domaine différent de la conscience, qui est indépendant du cerveau : un homme ferait alors par bribes l'expérience des circonstances et de l'époque d'une vie qu'il n'a pas vécue en personne, mais qui sont enregistrées dans la base de données cosmique de l'univers.

La réalité de la réincarnation ne peut être ni prouvée ni exclue de manière définitive. Pour ma part, je crois que nous avons vécu plusieurs vies au cours de l'évolution de notre âme. Reste cependant la question de savoir dans quels espaces-temps l'âme se réincarne et surtout *ce qui* se réincarne par la suite, questions brûlantes que je traiterai plus en détail ultérieurement. Les comptes rendus de recherches présentant des preuves de la réincarnation doivent donc être abordés avec prudence et esprit critique.

Hypnose et thérapie par régression

L'hypnose est un état de concentration orientée vers un but, état dans lequel le patient devient inaccessible au bruit et aux influences externes. L'objectif du thérapeute est de parvenir au subconscient du patient. Le subconscient est la partie de notre esprit qui est située au-delà de la conscience normale. Le tourbillon permanent de nos pensées, toutes les impressions et sollicitations externes, qui nous déconcentrent sans cesse en état de veille, sont ici au repos.

Dans notre subconscient, les processus mentaux se déroulent sans que nous en ayons une connaissance consciente. Le subconscient est un observateur silencieux qui enregistre et consigne tout ce qui arrive, sans jamais juger. Il n'est pas contraint par les limites de la logique ni par celles de l'espace et du temps.

L'hypnose permet d'ouvrir l'accès à ce domaine. Dans cet état, atteint au moyen de techniques de transe, le subconscient domine : on peut donc accéder à toutes ses informations, ce qui n'est pas possible autrement.

Lorsqu'une personne entre en transe, elle fait l'expérience d'un état de conscience élargie. Pendant ce temps, la conscience ordinaire n'est pas déconnectée : l'entendement peut donc commenter, critiquer et juger. Par conséquent, les patients qui se trouvent en transe profonde et plongés dans des phases actives de souvenir de l'enfance ou de vies antérieures peuvent répondre aux questions du thérapeute. Toutes les informations surgissent devant l'œil spirituel du patient ; elles parviennent à la surface de la conscience. L'entendement reconnaît en état d'hypnose les relations entre les souvenirs d'enfance et les souvenirs de vies antérieures : il peut distinguer tout cela, tout en gardant conscience du présent.

La thérapie par régression, en d'autres termes le retour dans des vies antérieures, s'appuie sur ces connaissances : c'est l'action mentale consciente de se transposer dans une époque antérieure. Au moyen de l'hypnose, l'entendement et les sens surmontent les barrières de la conscience pour obtenir des informations situées au-delà. C'est ce qui permet au patient d'accéder à des vies antérieures. L'objectif d'un tel retour est d'aller chercher des souvenirs qui ont encore une influence négative sur la vie actuelle du patient et peuvent être la cause de ses symptômes.

Au cours d'une thérapie par régression, le patient est mis en transe afin de pouvoir lui-même se libérer d'événements traumatiques originels. Avec la psychanalyse, Sigmund Freud a découvert l'importance de faire remonter à la conscience un trauma originel pour pouvoir s'en délivrer. Ce que l'on ressent et apprend est alors intégré à la personnalité.

Dans la thérapie par régression, on franchit la limite de notre vie présente pour aller dans d'autres vies résoudre des problèmes pathologiques actuels. Le plus souvent, on assiste à une amélioration rapide et spectaculaire des symptômes.

Sous hypnose, nous faisons l'expérience d'un état de conscience élargie. Le matériel que l'on en retire correspond pleinement aux archétypes, aux symboles primitifs et aux images originelles présents dans l'âme de chacun, comme l'a démontré Cari Gustav Jung. Pourtant le matériel disponible dépasse de loin le registre du symbolique. Il s'agit de véritables fragments mémoriels issus du courant de l'histoire humaine depuis les temps les plus reculés jusqu'à aujourd'hui. La thérapie par régression combine les expériences de temps anciens avec la catharsis (purification) de la thérapie freudienne et la connaissance des symboles qui constituent son fondement, tels qu'ils ont été développés par Jung.

Les pionniers de la thérapie par régression sous hypnose

Helen Wambach

La psychiatre américaine Helen Wambach a mené, à la fin des années 1970, plusieurs thérapies par régression en groupe, avec 750 patients au total. Au cours de ses séries d'essais, elle a cherché des preuves statistiques de la réincarnation. Elle voulait collecter à travers les retours en arrière le plus grand nombre possible d'informations détaillées sur certaines périodes historiques. La plupart des témoignages des participants aux essais ont ensuite été confirmés par les historiens. Un autre des thèmes centraux de sa recherche a été l'exploration de ce qui est vécu lors de la naissance ; elle s'est aussi demandé si l'on peut déterminer à quel moment l'âme se lie au fœtus.

Helen Wambach s'est concentrée en particulier sur la manière dont est ressentie la mort dans une vie antérieure. Elle a cherché à découvrir si les récits de ses patients étaient identiques à ceux de personnes ayant vécu une EMI. Le livre de Raymond Moody *La Vie après la vie* venait juste de paraître au moment où elle a entrepris ses régressions en groupe. On peut donc présumer que la plupart des patients participant aux recherches de Wambach n'avaient pas du tout entendu parler des EMI au moment de ces essais.

Le Dr Wambach a demandé aux participants de décrire dans des questionnaires comment ils avaient vécu leur mort et de préciser quels sentiments chaque type de décès avait déclenché. Les résultats de ces tests sont incroyables.

Presque toutes les personnes qui se souvenaient d'un décès au cours d'une vie antérieure ont jugé positive l'expérience de leur mort. La plupart d'entre elles ont pu accepter la mort et ont ressenti calme et paix, soulagement et joie. Environ 20 % des personnes interrogées regardaient d'en haut leur corps abandonné et observaient ce qui se passait sur le lieu du décès. Aux différentes époques historiques dans lesquelles Helen Wambach a guidé ses patients, l'expérience de la mort était dans la plupart des cas bien plus positive que les événements de la vie antérieure. Il est écrit dans un compte rendu :

« Des larmes de joie me sont venues, au moment où vous nous avez guidés aux confins de la mort. Je sentais les larmes me couler sur les joues. Après ma mort, je sentais mon corps tellement léger[1]. »

Le cas suivant se lit comme une EMI :

« Au moment où j'ai quitté mon corps et flotté vers la lumière, c'était comme si on m'enlevait un fardeau. Je ressentais un certain attachement à l'égard de mon corps, dans lequel j'avais vécu cette vie, mais c'était extraordinaire d'être libre[2]. »

Environ 10 % des personnes seulement disent avoir été tristes ou irritées lors de leur mort, mais ces sentiments sont toujours à mettre en rapport avec le type de décès ou avec le fait que les témoins laissaient derrière eux des personnes aimées. Dans les siècles précédents, de nombreuses femmes mouraient immédiatement après l'accouchement à cause des mauvaises conditions d'hygiène de l'époque. Une

---

1. Wambach (Helen), *Revivre le passé*, Paris, Robert Laffont, 1986.
2. *Ibid.*

des personnes participant à l'essai en parle et regrette d'avoir dû mourir si vite :

> « Je me sens si malheureuse, car je laisse deux enfants derrière moi. Je me fais du souci pour savoir qui va désormais s'en occuper ; je reste auprès de mon corps, parce que je veux essayer de consoler mon mari[1]. »

Les régressions en groupe ont permis d'établir qu'une mort soudaine par accident ou une mort violente peuvent provoquer la confusion et la désorientation. Les personnes concernées ne se rendent pas tout de suite compte qu'elles sont décédées.

> « J'ai été renversé par une voiture en traversant la rue... J'avais l'impression de continuer à marcher dans la rue, je n'avais pas conscience que j'étais déjà mort. J'ai alors été très déçu et je me suis senti comme perdu, parce que je ne parvenais pas à comprendre ce qui m'était arrivé. Finalement, je me suis trouvé dans un endroit obscur, puis j'ai vu une lumière vive. Je me suis alors mis à flotter dans l'obscurité vers cette lumière[2]. »

Les expériences de la mort dans des vies antérieures reflètent les conditions sociales de l'époque où elles se sont produites. La plupart des morts violentes du XXᵉ siècle ont été causées par la Première et la Seconde Guerre mondiale. Cela peut provo-

---

1. *Ibid.*
2. *Ibid.*

quer des sentiments totalement négatifs au moment de la mort. Un participant relate :

« Je combattais, et, soudain, mon corps s'est effondré. Je continuais de me battre, mais ce que je faisais n'avait plus d'effet. Je me trouvais encore sur le champ de bataille, mais ensuite j'ai eu l'impression que d'autres hommes tombés se joignaient à moi. De toute évidence, je n'arrivais pas à quitter le champ de bataille[1]. »

Pendant la Seconde Guerre mondiale, les bombardements étaient une des principales causes de décès. Les personnes interrogées rapportent avoir été asphyxiées par la fumée qui se dégageait après les incendies – ce qui recoupe totalement les statistiques sur la guerre. Helen Wambach rapporte deux cas dans lesquels les participants ont refusé de prendre part à l'expérience de leur mort antérieure à cette vie. Dans une séance ultérieure, il s'est avéré que la Seconde Guerre mondiale était à l'origine de ces morts très désagréables.

« Dans un cas, la mort a fait suite à une explosion, dans l'autre, la cause était une infection contractée dans une île du Pacifique Sud. J'ai conduit ces deux personnes dans le temps juste après leur mort, et les deux ont dit s'être sentis très soulagés, heureux et apaisés ; ils ont dit avoir éprouvé la même joie dont avaient parlé d'autres participants. Le problème n'était pas dans le fait qu'ils étaient morts, mais dans

_____
1. *Ibid.*

les émotions très négatives qui s'étaient emparées d'eux peu avant leur mort[1]. »

Afin de vérifier ses données, Helen Wambach a conduit ses patients dans une vie antérieure à la naissance de Jésus-Christ, puis les a amenés à faire l'expérience du décès correspondant. Une femme morte en 2083 avant J.-C. a écrit :

« Mon esprit a quitté mon corps. La religion affirme qu'il y a une vie après la mort. Après avoir quitté mon corps, mon âme s'est d'abord trouvée en état de confusion[2]. »

Dans une autre expérience de mort réalisée en 2000 avant J.-C., un homme raconte comment il a accepté la mort. Son esprit a quitté le corps en s'élevant en spirale, puis il a regardé de haut la scène du décès. D'autres personnes disent avoir perçu des couleurs bleues intenses ou une lumière émanant de toutes parts.

Les essais d'Helen Wambach ont montré que les éléments clés des EMI contemporaines étaient vécus exactement de la même manière que dans des expériences aux confins de la mort à des époques antérieures : il est très frappant de constater que la nature du passage vers l'autre monde a été transmise dans l'histoire humaine depuis des temps immémoriaux. Nous rencontrerons dans la suite de nombreux chercheurs de renom qui, au moyen de

---

1. *Ibid.*
2. *Ibid.*

la thérapie par régression sous hypnose, ont conduit des hommes dans la vie qui s'intercale entre les vies terrestres, ce que l'on appelle l'au-delà.

Brian Weiss

Brian Weiss est psychiatre ; il exerce à Miami dans son cabinet et dans le service de psychiatrie qu'il a dirigé pendant de nombreuses années au Mount Sinai Medical Center. Les réflexions sur la réincarnation et les vies antérieures lui étaient étrangères jusqu'au moment où il y a été directement confronté, à l'occasion d'une séance de thérapie.

Au fil des ans, Brian Weiss a guidé des centaines de ses patients à l'aide de l'hypnose, pour résoudre des traumatismes profondément ancrés dans cette vie-ci. Toute son activité a été bouleversée par l'une de ses patientes, nommée Catherine, qui souffrait d'attaques de panique, de crises d'angoisse, d'épisodes dépressifs et de cauchemars. La psychothérapie conventionnelle n'ayant eu aucun effet sur ses symptômes, Catherine s'est déclarée prête à se remémorer son enfance sous hypnose. Elle se souvenait de nombreux détails – elle se rappela avoir été abusée sexuellement par son père alcoolique. Pourtant, ses symptômes demeurèrent sans faiblir. Weiss plongea donc une fois de plus Catherine en transe profonde. Cette fois, il lui donna une indication générale, sans limite de temps. Il lui demanda de revenir en arrière, jusqu'au moment où ses symptômes trouvaient leur source.

À la grande surprise du psychiatre, la femme fit un bond en arrière dans une vie antérieure, au Proche-Orient, quatre mille ans auparavant. Elle décrivit avec précision le paysage, les vêtements et les objets usuels du quotidien à cette époque. Noyée lors d'une inondation, elle flotta au-dessus de son corps. Par la suite, elle s'est souvenue d'autres vies antérieures.

Brian Weiss était choqué et sceptique, mais il savait que Catherine ne souffrait pas de psychose ni d'hallucinations. Il en conclut que ces souvenirs de vies antérieures provenaient de son monde onirique. Dans les semaines qui suivirent, l'état de la patiente connut une amélioration spectaculaire. En quelques semaines, tous les symptômes récalcitrants se résorbèrent et Catherine fut guérie. Brian Weiss poursuivit les séances d'hypnose, et la patiente traversa plusieurs autres décès. À chaque fois, Catherine indiquait qu'elle flottait au-dessus de son corps et qu'elle était attirée vers la lumière. Elle était dans un état de conscience élargie ; soudain elle mentionna la présence du père et du fils, décédés, de Brian Weiss :

« Ton père est là, et ton fils aussi ; c'est un petit enfant. Ton père dit que tu le reconnaîtras, parce qu'il s'appelle Avrom, et que ta fille a été nommée en référence à lui. Par ailleurs, sa mort est due à son cœur ; il était mal placé. Par amour pour toi, il a fait un grand sacrifice. Son âme est très avancée. Sa mort a compensé la culpabilité de ses parents. Il voulait aussi te montrer que la médecine a ses limites et combien sa marge d'action est réduite[1]. »

Brian Weiss a eu de grandes difficultés à intégrer ce que Catherine venait de lui dire : en effet, ses affirmations étaient justes, alors qu'elle ne pouvait rien en savoir. Ce cas a transformé pour toujours sa vision du monde. Son livre *De nombreuses vies, de nombreux maîtres*, dans lequel il raconte ses expériences avec Catherine, est devenu un best-seller mondial.

Au cours de ses transes, non seulement Catherine se souvenait de vies antérieures, mais elle agissait aussi comme médium pour transmettre les indications fournies par des êtres spirituels supérieurs – des secrets sur la mort et sur la vie qui vient après. Brian Weiss n'a d'abord pas trouvé d'explications scientifiques à ce qui venait de se produire. Les comptes rendus de ses séances permettent deux interprétations : notre subconscient, avec lequel nous sommes en liaison au cours de l'hypnose, contient en effet des souvenirs de vies antérieures ; ou, selon l'autre interprétation possible, toutes les informations sur l'humanité (la conscience cosmique) peuvent être saisies par les hommes ; un accès à cette autre forme de l'être serait donc possible.

L'exploration scientifique systématique des secrets de la conscience, de l'âme et de la vie après la mort n'en est qu'à ses débuts. La découverte de ce savoir

---

1. Weiss (Brian), *De nombreuses vies, de nombreux maîtres*, Paris, J'ai lu, 1991, republié sous le titre *Une même âme, de nombreux corps*, Paris, Véga, 2005.

est un processus de longue haleine, car le monde scientifique et le grand public opposent d'importantes résistances. Bien des médecins, des psychiatres et des thérapeutes refusent d'explorer et d'évaluer les éléments considérables qui ont été collectés à l'appui de la thèse de la poursuite de la vie après la mort. L'homme, au cours de son histoire, s'est sans cesse opposé aux idées nouvelles et aux transformations, en particulier lorsqu'elles n'étaient pas compatibles avec la conception du monde qu'il se faisait jusqu'alors.

Ce n'est qu'au cours des cinq dernières années qu'un nombre toujours croissant de thérapeutes, de psychologues et de psychiatres ont publié sur Internet ou dans des revues scientifiques leurs points de vue sur la vie après la mort, qui avaient auparavant reçu très peu d'attention. Brian Weiss avait déjà constaté que l'expérience de la mort, dans les souvenirs de Catherine, se produisait toujours de manière analogue. Il écrit :

« Une part consciente d'elle-même quittait le corps à l'instant de la mort, flottait au-dessus de lui, puis était attirée par une magnifique lumière énergisante. Elle attendait ensuite que quelqu'un vienne l'aider. L'âme poursuivait automatiquement son cheminement. L'embaumement, les rites funéraires ou les autres coutumes autour de la mort n'avaient aucun rapport avec cela. Cela se passait de manière automatique, sans requérir de préparation, comme on passe par une porte ouverte[1]. »

---

1. *Ibid.*

Au fur et à mesure des séances, le thérapeute a surmonté sa propre peur de la mort. Avec notre savoir actuel sur ce qui a lieu lors du décès et sur ce qui advient de nous après la mort, nous pourrions tous nous comporter sans peur face à la vie et face à la mort. Au lieu de cela, nous faisons d'immenses efforts pour échapper à la peur de la mort. Le jeunisme de notre société en est un exemple éloquent : que ne faisons-nous pas pour avoir l'air plus beaux, plus jeunes ou plus minces ? Grâce à la chirurgie esthétique, nous nous rendons conformes à un idéal de beauté fictif ; nous faisons des enfants simplement pour perpétuer notre nom ou nous accumulons des richesses matérielles. Nous croyons que, grâce à cela, nous serons assurés contre tous les aléas du destin. Le déni sous-jacent de notre caractère mortel fait que nous n'avons du sens réel de la vie qu'une conscience extérieure, mais que nous ne sommes pas conscients de notre existence en tant qu'êtres éternels.

Je souhaite à présent analyser quelques extraits tirés des récits de Catherine sur l'au-delà. Elle décrit sans cesse le monde où nous entrons après la mort comme divisé en différents niveaux et dimensions :

« Il y a de nombreuses dimensions. Je suis allée dans diverses époques et à différents niveaux. Chacun représente un niveau de conscience plus élevé. Le niveau auquel nous parvenons dépend de notre avancement[1]. »

_____
1. *Ibid.*

Si pendant notre vie nous sommes assez forts pour nous élever au-dessus des problèmes extérieurs, nous connaissons une élévation psychique et spirituelle. Ce n'est jamais un chemin facile, mais tout homme a au fond de lui des capacités qui dépassent de loin celles que nous mettons en œuvre durant notre vie. C'est ce que l'on voit dans la vie, lors des situations auxquelles nous n'aurions jamais cru pouvoir survivre.

Bien des personnes m'ont raconté au cours de séminaires la mort brutale de leur enfant. En parvenant à accepter la douleur, à la traverser, et par là à accepter la mort, tous vivent cette épreuve comme un progrès vers une croissance spirituelle. Ainsi, par une perte tragique, certains apprennent à développer une confiance dans la vie. Le niveau que chacun de nous atteint après la mort reflète le progrès de notre conscience. La vision rétrospective de notre vie fait partie de ce processus. Catherine explique :

> « Il y a en tout sept niveaux, dont chacun est constitué de nombreux degrés ; l'un de ces degrés est celui du souvenir. Là, on peut rassembler ses pensées. On peut voir la vie que l'on vient de vivre. Ceux qui sont à des niveaux supérieurs peuvent voir le déroulement de l'Histoire. Ils ont la possibilité de revenir en arrière et de nous enseigner des choses sur l'Histoire. Mais nous, aux degrés inférieurs, nous n'avons que le droit de voir la vie qui vient de s'écouler[1]. »

---

1. *Ibid.*

Ce témoignage est tout à fait remarquable : il explique nettement que dans la vision rétrospective de la vie au moment du décès, on ne voit d'abord défiler que la vie qui vient de s'écouler, avec ses effets et ses conséquences. Dans les ouvrages de recherche sur la mort, j'ai trop souvent rencontré l'affirmation selon laquelle, au cours d'EMI, des personnes avaient aussi eu des aperçus de vies précédentes. Ce n'est pourtant absolument pas exact, et aucun cas concret ne peut être établi. Les EMI sont des aperçus brefs, limités dans le temps, du monde spirituel. La plupart des EMI documentées à l'heure actuelle se produisent sur une durée de cinq minutes maximum. Les rencontres avec la lumière et les visions rétrospectives de la vie constituent alors les raisons principales des transformations de personnalité dans la suite de la vie. Il ne faut pas oublier que même la simple vision sans fard de sa propre existence constitue pour bien des gens une expérience effrayante – être confrontés à leurs pensées, leurs actions et leurs sentiments, et aux conséquences de leur vie sur les autres les terrorise. Ils découvrent les ressorts internes de leur vie et savent qu'ils sont responsables d'eux-mêmes. Tout cela permet de conclure que la réincarnation est un principe spirituel supérieur. À l'évidence, ce n'est qu'à un stade très avancé du progrès de la conscience que l'âme parvient à apercevoir son existence éternelle.

L'âme se développe pas à pas – elle essaie, après la mort, de comprendre ses désirs et ses passions les plus bas et de travailler dessus. Nous sommes responsables de la vie que nous menons sur terre. L'âme ne peut progresser vers l'union mystique avec Dieu que par l'harmonie, l'équanimité, l'amour et la sagesse. Ce n'est qu'aux niveaux les plus élevés de l'au-delà que nous accédons à une vue d'ensemble de toutes nos existences passées. Les conseils pratiques pour parvenir à la connaissance de soi sont identiques dans toute la littérature portant sur les états de conscience élargie : l'équanimité, le sens de la patience et de l'attente, le respect de la nature, l'apprentissage de la confiance et du renoncement, le refus de juger autrui et de détruire d'autres vies. L'important est de se libérer de toutes ses angoisses et de la peur de la mort. La connaissance inébranlable de notre immortalité nous permet de savoir que nous sommes inclus dans le Plan divin.

Suite à son expérience avec Catherine, Brian Weiss s'est spécialisé dans la thérapie par régression sous hypnose. Il a publié plusieurs autres ouvrages, dont je voudrais, pour terminer, citer quelques extraits tirés de comptes rendus de séances avec sa patiente Anita. En ouvrant la porte donnant sur une vie antérieure, elle mentionne un lieu de l'au-delà. De nouveau, pendant l'expérience mystique de sa patiente, le thérapeute reçoit des indications sur les fondements de l'existence :

« Au lieu de cela (rechercher des souvenirs de sa vie actuelle), elle alla en un lieu qui semblait être situé entre les vies. Cet endroit avait quelque chose d'un jardin ; il était empli d'une immense sagesse. Une lumière pulsée, violette et dorée envahissait tout, il y avait là de nombreux guides sages. Soudain, cette femme discrète et timide commença, depuis ce jardin, à me transmettre de profondes vérités sur l'amour et sur la sagesse. "Si tu veux consoler les hommes, alors n'écoute pas leurs paroles. Les mots peuvent être trompeurs ou faux", m'a conseillé Anita d'une voix calme. "Va directement à leur cœur, à leurs blessures. En paroles, ils peuvent refuser ton aide, mais en réalité ils ont besoin d'être consolés."[1] »

Si nous mettons le cœur à l'unisson avec l'esprit, nous entrons en harmonie avec la création. C'est l'une des vérités fondamentales sur la nature humaine. Les affirmations d'Anita ont d'autant plus surpris le psychiatre qu'il s'agissait là d'une femme qui avait commencé d'elle-même à enseigner la sagesse, sans avoir aucun bagage de connaissances ni avoir reçu d'éducation préalable sur ce sujet. Après quelques séances supplémentaires, elle aussi a vu sa dépression récurrente se résorber.

Joel L. Whitton

Ce psychiatre canadien a été pendant de nombreuses années professeur de psychiatrie à l'université de Toronto. Avec la thérapie par régression sous hypnose, il a cherché à obtenir des preuves irréfutables à l'appui de la thèse de la réincarnation.

---

1. Weiss (Brian), *Nos vies antérieures : une thérapie pour demain*, Paris, J'ai lu, 1999.

Au cours de diverses séances, il a été confronté de manière inattendue à des récits de patients concernant un espace-temps intermédiaire entre leurs vies terrestres. Ce domaine intermédiaire est ce que l'on appelle le *bardo ;* il a déjà été décrit dans le *Livre des morts tibétain.* Le docteur Whitton a fait ses premières expériences en 1974, au moment même où Raymond Moody consignait son étude révolutionnaire et où Helen Wambach commençait ses retours de groupes. Joel L. Whitton passe aujourd'hui pour l'un des grands pionniers de la thérapie par régression. Son récit du monde situé au-delà de notre expérience physique, écrit en collaboration avec Joe Fischer, est paru pour la première fois en Amérique en 1986 sous le titre : *La Vie entre les vies.*

Son grand mérite est d'avoir exploré et décrit systématiquement, par la technique de l'hypnose, l'autre réalité située au-delà du domaine de l'être que nous connaissons. L'entrée dans cette autre dimension a provoqué respect et étonnement chez ses patients. Chez la plupart d'entre eux, ces sentiments ont été si bouleversants et indescriptibles que ce n'est que lors des séances suivantes qu'ils ont tenté de donner une idée de la profusion et de la puissance de leurs visions et de leurs impressions. L'une des personnes participantes le décrit en ces termes :

« Je ne me suis jamais senti aussi bien. Une extase surnaturelle... Une lumière éclatante, éblouissante. Je n'avais pas un corps comme sur terre, mais un corps fait d'ombre, un corps astral, et mes pieds ne reposaient sur rien. On n'a pas de sol sous les pieds ni d'atmosphère au-dessus de soi. Il n'y a aucune limite d'aucune sorte. Tout est ouvert. On y rencontre aussi d'autres personnes, et quand on veut communiquer, on n'a pas besoin de parler ni d'écouter[1]. »

Le Dr Whitton décrit ce niveau dans lequel entrent les patients comme le *supraconscient*. Les témoins y sont libérés de toutes les contraintes corporelles et ont le sentiment de ne faire qu'un avec l'univers. C'est la confrontation avec une réalité absolue. Pour tenter de saisir et de décrire ce monde au-delà de l'espace et du temps, l'homme est contraint d'utiliser des symboles et des images. Moins le patient a la capacité d'exprimer ses pensées en images, moins il parviendra à rendre compte de ses expériences.

Les retours dans l'au-delà commencent par une scène de décès relative à cette vie. Les personnes participant aux essais sont hypnotisées puis ramenées dans une vie passée. Elles traversent ensuite les dernières heures de cette vie jusqu'au moment de la mort. Ainsi se produit l'entrée dans le supraconscient, dans la sphère de l'au-delà. L'expression sur le visage du patient change du tout au tout. Toutes les peurs, tous les soucis, toutes les douleurs se résorbent et font place à la joie et au soulagement. L'éveil à une vie incorporelle permet de comprendre qu'il n'y a plus de succession

---

1. Whitton (Joel) et Fischer (Joe), *Life between life*, New York, Warner Books, 1988.

temporelle des événements et que toute logique du point de vue terrestre est supprimée : tout se passe simultanément.

Une patiente travailleuse sociale relate :

« Après avoir vécu dans la transe le processus de la mort, le sentiment d'une transformation physique décisive s'empare de moi. Mon corps s'étend et emplit tout l'espace, puis je suis envahie de sentiments euphoriques, tels que je n'en avais jamais vécu. Ces sentiments s'accompagnent d'une perception totale et d'une compréhension illimitée de ce que je suis réellement. Je saisis le fondement de mon existence et je sais quelle est ma place dans l'univers. Tout a un sens ; tout est entièrement juste. Je comprends avec émerveillement que tout est dominé par l'amour[1]. »

En général, les participants décrivent la lumière qui se déploie, qui les aspire et dans laquelle ils entrent. D'autres perçoivent les couleurs les plus bigarrées, d'une splendeur incomparable avec les couleurs de ce monde-ci. D'autres encore parviennent à une sorte d'illumination personnelle par des visions et des connaissances directes sur des domaines auxquels ils s'intéressent depuis toujours. Par exemple, un homme a trouvé la solution d'un problème mathématique sous la forme d'une série d'équations.

Une femme qui relatait avoir vécu plusieurs vies comme musicienne a entendu pendant son

---

1. *Ibid.*

voyage dans ses vies passées des compositions plus parfaites qu'aucun des plus grands compositeurs de l'histoire du monde n'a pu en produire.

Dans la thérapie par régression sous hypnose, les différentes formes de vision de l'au-delà, telles que nous les avons vues dans la présentation des éléments suprasensoriels des EMI, sont toujours décrites de la même manière. Ces expériences révèlent également que l'espace dans lequel l'âme se tient entre ses incarnations reflète les pensées et les attentes de l'individu. Dans la description des états qui suivent la mort dans le *bardo* du *Livre des morts tibétains*, l'accent est mis sur le fait que ce qui entoure l'âme est conformé par le contenu des pensées de la personne concernée. Rudolf Steiner, le fondateur de l'anthroposophie, a dit que l'ensemble de nos pensées et représentations apparaissent à l'âme sous forme d'un immense panorama. Il n'est donc pas très étonnant que les patients de Whitton dépeignent la vision des paysages les plus variés, tels que ceux que nous avons découverts dans les EMI.

« Je vois de somptueux palais et des parcs merveilleux. Je suis entouré de formes abstraites de tailles variables, les unes oblongues, les autres cylindriques. Des paysages, sans cesse de nouveaux paysages et des vagues qui viennent se briser sur le rivage. Je traverse un néant infini – pas de sol, pas de toit ; pas de terre, pas de ciel. Tout est d'une beauté incroyable. Il n'y a pas de choses matérielles, et pourtant tout est là... églises et écoles, bibliothèques et terrains de jeux... Je ne saurais dire où je suis. Des images surgissent du néant[1]. »

Joel Whitton a mis en évidence, au cours de son exploration du supraconscient, l'existence d'une identité éternelle de l'âme. Plusieurs participants relatent

« avoir vu, pendant leur transe, écrit le nom de leur identité interne dans une langue inconnue, et avoir échoué à chaque tentative pour prononcer ce nom[2] ».

Lorsque l'âme a quitté son corps, elle s'unit avec l'âme suprême (le Soi suprême), qui est déjà notre guide invisible pendant la vie, par l'intuition et le tissu des circonstances de notre existence. D'après la conception de Whitton, l'âme suprême est le support de l'essence de toutes les vies antérieures. Cette influence du Soi suprême sur les hommes est exprimée sous forme poétique dans les *Upanishads* :

« Tu ne peux pas voir le sujet voyant de la vue ; / tu ne peux pas entendre l'auditeur de l'écoute ; / tu ne peux pas penser le penseur de la pensée ; / tu ne peux pas connaître le connaisseur de la connaissance. / C'est ton Soi qui habite en chacun d'eux ; / hors de lui, tout est passager[3]. »

---

1. *Ibid.*
2. *Ibid.*
3. *Ibid.*

Au cours de ses retours dans l'espace intermédiaire entre les vies, le psychiatre a également eu affaire à la vision du défilement de la vie, telle qu'elle est connue par les EMI. L'âme y apprend davantage sur son existence écoulée. Elle prend conscience des moments où elle a repoussé un bonheur possible, a nui aux autres par négligence ou bien s'est trouvée en danger de mort immédiat. Elle reconnaît l'importance de chaque événement, si insignifiant qu'il puisse paraître. D'après les déclarations des participants, la vision du défilement de la vie se produit en présence de maîtres aimants et compréhensifs. Certains ont rapporté avoir travaillé, pendant leur passage dans ce domaine intermédiaire, dans des lieux de savoir, notamment des bibliothèques très riches et des auditoriums, ou dans d'autres lieux de connaissance. Nous avons déjà vu tout cela à propos des EMI. Il existe de nombreux niveaux supérieurs. Le but de l'homme est de s'approcher de Dieu jusqu'à ce que son âme soit définitivement délivrée. L'apprentissage ne s'arrête jamais.

Résultats des dernières recherches

L'exploration du domaine de « l'entre-deux-vies » a été initiée par les pionniers de la thérapie par régression sous hypnose, Helen Wambach, Brian Weiss et Joel Whitton. Brian Weiss est arrivé sans le vouloir à la vie entre les vies, par l'intermédiaire de sa patiente Catherine ; celle-ci a d'ailleurs fait office de médium d'un être spirituel supérieur plus qu'elle n'a fourni des descriptions précises du monde de l'au-delà. Helen Wambach a limité ses travaux à l'expérience de la mort dans les vies antérieures et elle a pu constater la concordance que celle-ci présentait avec les descriptions faites lors d'EMI. C'est Joel Whitton qui a poussé le plus loin l'exploration de l'au-delà et qui a systématisé ses découvertes.

Ces dernières années, les psychiatres et les thérapeutes qui ont abordé ce domaine de recherches ont été de plus en plus nombreux. L'accès au monde spirituel par l'hypnose est considéré comme un progrès et un élargissement des retours dans des vies antérieures. La psychologie clinique a découvert l'importance de ces retours pour le bien-être des patients : ils peuvent permettre la résolution de traumatismes, de désordres ou de comportements profondément ancrés, dont les racines ne pouvaient pas être atteintes par les psychothérapies conventionnelles.

L'utilisation de l'hypnose permet d'atteindre un état de conscience élargie, qui ouvre non seulement l'accès aux vies antérieures, mais permet au patient de voir par l'œil de l'esprit le monde spirituel. L'esprit humain est constitué de deux niveaux :

La conscience ordinaire de l'homme permet la pensée analytique et critique. Dans le subconscient sont gardés tous les souvenirs et les événements de cette vie et de toutes les précédentes. Le supraconscient est le noyau suprême du moi et le porteur de l'identité véritable. Certains thérapeutes croient que le supraconscient est l'âme elle-même. Toutes les informations sur l'au-delà proviennent de cette source.

Par leurs différents retours dans le supraconscient, certains patients sont parvenus, d'après les thérapeutes, à atteindre l'état de pures âmes. La concordance des témoignages de ces patients concernant le monde spirituel est frappante.

Le Californien Michael Newton, lui aussi thérapeute par régression sous hypnose, s'est donné depuis dix ans pour tâche exclusive d'explorer et de cartographier le monde de l'au-delà. Il a publié plusieurs livres sur ses découvertes, dont deux ont été traduits en allemand : *Les Voyages de l'âme* et *L'Aventure des âmes*. Le problème de ses découvertes tient au fait que plus il mène loin ses patients dans le monde spirituel, plus leurs affirmations deviennent confuses. Je ne vais donc m'intéresser ici que brièvement à quelques assertions essentielles, qui peuvent être mises en accord avec les découvertes réalisées par d'autres recherches. En particulier, je ne traiterai pas du processus de la réincarnation, car les récits à ce propos divergent si fortement que nos analyses prendraient un caractère purement spéculatif.

La méthode employée pour mener les patients dans le supraconscient consiste à les faire revivre une scène de décès d'une vie antérieure. Pendant que le patient est calmement étendu dans le fauteuil, la scène du décès apparaît sous hypnose devant l'œil spirituel du patient. Ensuite, Michael Newton demande aux patients de s'avancer plus loin dans l'au-delà. Il leur demande de mettre en mots leurs images intérieures. À l'inverse des EMI, ils décrivent d'après lui la vie réelle après la mort. Voici un exemple typique d'expérience de mort sous hypnose :

« Oh, mon Dieu ! Je ne suis pas vraiment mort, n'est-ce pas ? Je veux dire, mon corps est mort – je le vois au-dessous de moi –, mais je flotte. Je regarde en bas et je vois mon corps étendu sur le lit d'hôpital. Tous ceux qui m'entourent *pensent* que je suis mort, mais ce n'est pas le cas. Les infirmières tirent un drap sur ma tête. Les gens que je connais pleurent. Ils me tiennent pour mort, mais je suis encore en vie ! C'est étrange, car mon corps est absolument mort, tandis que je me déplace au-dessus de lui. *Je suis en vie*[1] ! »

Ces paroles ont été prononcées par un homme sous hypnose profonde, pendant qu'il faisait l'expérience de sa mort. Dans ce cas de ressuscitation d'une expérience passée, la conscience critique est intacte et transmet l'information. Michael Newton a constaté qu'il n'y avait pas de différences significatives entre les EMI et les récits des patients sous hypnose : ils flottent au-dessus de leur corps, certains essaient de toucher des objets solides, mais passent à travers eux ; sans jamais s'être concertés, ils racontent leurs vains efforts pour transmettre des messages à leurs proches,

---

1. Michael (Newton), *Journey of Souls : Case Studies of Life Between Lives (Les Voyages de l'âme. Études de cas de la vie entre les vies)*, St. Paul, Llewellyn Publications, 1994.

qui ne réagissent pas. Un autre point de concordance tient au fait que les personnes concernées sont éloignées du lieu du décès et en ressentent détente et sérénité. Certains voient au moment de leur mort une lumière blanche éclatante ; ils relatent avoir ressenti un sentiment de liberté euphorique. D'autres perçoivent, entre eux et la lumière, une zone obscure (le tunnel) dans lequel ils sont aspirés. La traversée du tunnel est considérée par les thérapeutes par hypnose comme l'entrée dans le monde des esprits.

Un homme sous hypnose raconte sa mort à l'issue d'une vie antérieure dans laquelle il était une femme du nom de Sally, blessée à mort par une flèche tirée à bout portant. C'était une mort soudaine, à laquelle Sally n'était pas préparée. Elle sent son âme attirée hors du corps par une force inconnue, et, en un instant, elle est libérée de toute douleur.

« C'est merveilleux de se sentir libre, sans aucune douleur, mais je suis désorientée, je ne m'attendais pas à mourir. C'est étrange, c'est comme si j'étais dans un air qui n'est pas un air. Il n'y a pas de limites, pas de gravité, je suis en apesanteur. Rien autour de moi n'est solide. On ne se heurte à aucun obstacle[1]. »

Sally aperçoit ensuite une brillante lumière blanche. Elle est menée hors du lieu de l'événement, mais elle

---

1. *Ibid.*

aimerait encore consoler son mari afin qu'il sache qu'il ne l'a pas perdue à jamais.

Cet exemple est typique d'une mort soudaine. Au moment de quitter le corps, toute douleur physique prend fin. Dans ce cas, la mort est survenue de manière totalement inattendue, et l'âme n'arrive pas à comprendre d'emblée le caractère définitif de sa mort. Sally est donc tout d'abord confuse et désorientée.

Au cours de séances de retours menées avec des centaines de patients pendant des années, Michael Newton a constaté que la plupart des âmes se désintéressent de leur corps physique et acceptent sans problème leur mort terrestre. Elles sont bien plus occupées à découvrir la beauté du monde spirituel. Lorsque les patients sous hypnose explorent plus avant le monde de l'esprit, ils parlent de paysages, de bâtiments ou de pièces dans lesquelles ils entrent. Ces images sont identiques à celles décrites par les personnes aux confins de la mort. Au cours de cette phase d'adaptation se produit ensuite la rencontre avec des proches décédés. Une patiente du Dr Newton voit la lumière s'approcher d'elle rapidement. Elle y reconnaît à son grand étonnement son oncle Charly, le membre de sa famille qu'elle préférait. Il est mort lorsqu'elle était jeune.

« Exactement tel que je me souviens de lui, joyeux, gentil, aimable. Il est à côté de moi. Il est aussi gros qu'avant. Il m'apparaît en entier, et ce dont je me souviens le mieux, c'est de sa main, qu'il tend vers

128

moi pour me consoler, pour me guider plus avant dans la lumière. Il m'amène là où je dois aller. Il y a là aussi d'autres personnes, et en m'approchant, je vois qu'elles ont l'air gentilles. Elles semblent vouloir que je vienne à eux. En effet, je m'aperçois que je les ai déjà connues[1]. »

L'oncle apparaît en premier, pour accueillir l'âme. Il se montre tel que la femme l'a connu pendant sa vie. Elle se sent acceptée et aimée, et son oncle la guide vers la destination qui correspond à son état de développement personnel.

Selon les affirmations de Michael Newton, les salutations sont suivies d'une première conversation pour nous orienter sur la vie passée, avec le guide spirituel qui nous a accompagnés toute notre vie par notre voix intérieure ou notre intuition. Chaque homme a son compagnon spirituel personnel, qu'on l'appelle ange protecteur, maître ou guide spirituel.

Dans la phase d'orientation, l'âme peut s'habituer peu à peu à son nouvel environnement et est préparée avec indulgence à son séjour. Il y a d'ailleurs des lieux de guérison, qui sont mentionnés par divers auteurs. On y soigne avec amour les personnes qui ont été traumatisées par une mort soudaine ou qui, après de longues souffrances corporelles, doivent se réhabituer à un état sans douleur.

_____

1. *Ibid.*

Un patient de Michael Newton décrit ce lieu d'énergie pure. Il parle d'une salle ronde, qui sert de « vasque de guérison » :

> « Mon essence est baignée, et me reconstitue après que j'ai été projeté hors de la terre. Je suis si fatigué de mon existence précédente et du corps que j'avais à ce moment-là ! Je flotte dans la lumière, elle traverse mon âme, la purge des virus négatifs. Elle me permet de me débarrasser des entraves de ma vie précédente, ce qui conduit à ma transformation, de sorte que je puisse retrouver mon intégrité[1]. »

La thérapeute par régression sous hypnose Dolores Cannon a fait paraître en 2003 son livre très apprécié *Between Death and Life*. Elle y décrit un temple de la guérison, qu'a vu son patient John. Il s'y trouve pour être purifié des traces de sa vie terrestre :

> « C'est un lieu magnifique. C'est une chapelle circulaire, une douce lumière émane de petites fenêtres percées au plafond. Il y a des couleurs, bleu, rouge, vert, jaune, orange et turquoise, toutes les couleurs sauf le noir et le blanc. Hormis elles, on voit toutes les couleurs imaginables, et ce sont ces couleurs qui forment ces admirables flots de lumière qu'on voit dans la pièce. On éprouve un merveilleux sentiment de régénération. Des flots de couleurs et d'énergie

---

1. *Ibid.*

m'entourent et m'enlèvent toute ma souffrance et toute mon amertume[1]. »

Dans la suite de l'expérience de l'au-delà se produit la vision du défilement de la vie, pendant laquelle l'âme est confrontée à sa vie précédente. Si elle est éveillée par cette expérience, elle peut progresser vers les niveaux supérieurs. La manière dont les âmes peuvent encore être classées en fonction des couleurs me paraît peu claire et peu convaincante. C'est pourquoi je ne traiterai pas des autres explications de Michael Newton. Mais sachant qu'à l'heure actuelle de nombreux psychiatres et thérapeutes se consacrent à l'exploration de la vie entre les vies terrestres, on devrait en savoir plus dans les années à venir.

Le phénomène des âmes enchaînées (âmes en peine)

Edith Fiore est une psychologue et thérapeute par régression bien connue aux États-Unis. Son livre *You have been here before – A psychologist looks at past lives* (« Vous avez déjà été ici – Le regard d'un psychologue sur les vies antérieures ») passe aujourd'hui pour la première présentation d'ensemble des techniques de thérapie par régression. Par ses retours sous hypnose dans des vies antérieures, Edith Fiore a constaté que la plupart

---

1. Cannon (Dolores), *Conversations avec l'au-delà*, Tournus, Labussière, 2008.

de ses patients décrivaient des expériences de mort comparables.

La mort est vécue comme un passage en douceur et naturel dans un monde spirituel, sans perte de conscience. Toutes les douleurs, les peines et les peurs disparaissent dès la sortie du corps. De très nombreuses personnes parlent d'une sensation d'ascension et de flottement. Elles voient leur corps au-dessous d'elles et perçoivent tout ce qui se passe autour d'elles. Certains essaient d'attirer l'attention de leur famille, pour leur annoncer qu'ils vivent encore et qu'ils vont bien. Les patients parlent d'un sentiment de liberté ; ils se sentent attirés vers une lumière blanche. Sur le chemin, ils ont eu la sensation de flotter à travers un tunnel, le plus souvent en compagnie de personnes aimées disparues auparavant. Leur nouveau corps subtil est sans défaut : celui qui était aveugle peut voir, celui qui était sourd a une bonne ouïe. Lorsque le corps a été mutilé par un accident, il est intact dans cet état extracorporel. Le corps spirituel est décrit comme tout aussi réel et solide que le corps terrestre.

Cette expérience, typique au cours de la mort d'une personne, est dépeinte de manière très proche dans les EMI ; elle est confirmée par les contacts spontanés avec les défunts et est décrite exactement de la même manière dans de nombreux comptes rendus de retours effectués par d'autres thérapeutes.

Le travail de pionnier d'Edith Fiore tient au fait qu'elle a été dans les années 1980 la première psychologue moderne à découvrir qu'il existe une autre possibilité de passage : au lieu du passage

132

simple et prévisible, certains de ses patients racontent s'être enfuis devant la lumière. D'autres se sont détournés de leurs proches décédés ou de leur guide spirituel. N'étant pas conscients de leur mort, ils se sentaient pleinement vivants. Ces âmes étaient troublées et angoissées lorsqu'elles n'arrivaient pas à se faire remarquer par les vivants, et restaient liées à la terre – bien que mortes, elles restaient au niveau physique. Les raisons les plus fréquentes de cet attachement à la terre sont des liens contraignants avec des lieux ou des personnes vivantes, ou bien la peur, la confusion, l'incertitude et la dépendance sous toutes ses formes. Même la soif de vengeance et la haine, ainsi que des actions non réalisées de toutes sortes, peuvent conduire une âme à rester bloquée dans « l'entre-monde ».

Si une âme ne peut accepter sa mort, elle se trouve dans un état de profonde confusion et refuse de reconnaître qu'elle est morte. D'après Edith Fiore, c'est vrai en particulier des personnes qui se sont donné la mort. La plupart d'entre elles, sinon toutes, ont erré en vain et cherché sans succès à parler aux vivants. C'est le cas chez un homme qui s'est suicidé en sautant d'un pont. Cet esprit pouvait voir son corps étendu dans le sable, mais le fait d'être mort ne lui faisait aucun effet. Par la suite, il ne pouvait comprendre pourquoi les gens sur la plage ne réagissaient pas à sa présence.

Dans ce contexte, le constat suivant est porteur de consolation :

« Il semble que tous les esprits finissent par aller dans la lumière, même lorsqu'ils sont restés entravés pendant des décennies au niveau de la réalité physique. Dans le cas des suicides, j'ai constaté que beaucoup restent comme des essences incorporelles et se sentent tout aussi déprimés qu'avant leur mort – jusqu'à ce qu'ils soient "sauvés" par les aides spirituels ; ou bien ils prennent possession de vivants qui ne se doutent de rien. Au contraire, certains suicidés sont tout de suite entrés dans la lumière[1]. »

L'une des liaisons les plus puissantes au monde physique est la dépendance, quelle qu'en soit la forme : drogues, alcool, sexe ou même nourriture. Lorsque quelqu'un meurt dans un tel état, l'âme peut refuser de quitter le niveau terrestre et essayer de continuer à satisfaire sa pulsion de dépendance. Edith Fiore écrit :

« Dans un cas, l'esprit d'un jeune homme est resté à proximité de son jeune frère qui l'avait déifié, pour lui "venir en aide". Comme le défunt avait été drogué à la marijuana, le jeune frère avait commencé à en prendre – et bientôt, il a pris d'autres drogues[2]. »

Le vivant est soumis à une influence négative pour que le défunt puisse continuer à pratiquer sa toxicomanie à travers lui.

Dans ses travaux ultérieurs, Edith Fiore a combiné la thérapie par régression avec la connais-

---

1. Fiore (Edith), *Les Esprits possessifs*, Paris, Pierre d'angle, 1996.
2. *Ibid.*

sance du fait que des âmes liées à la terre peuvent posséder des personnes et avoir une influence nuisible ou destructrice sur les patients. Par l'hypnose de ses patients, elle est entrée en contact avec les esprits qui en avaient pris possession et les a aidés à entrer dans la lumière. Les patients concernés ont ensuite vu une amélioration spectaculaire de la qualité de leur vie.

Certains défunts restent liés à des vivants après leur mort : des parents qui ne peuvent laisser leurs enfants derrière eux et veulent continuer à les soutenir, ou des personnes mariées qui se font des soucis pour leur conjoint resté derrière. Un jeune homme m'a raconté pendant un séminaire qu'il avait en permanence le sentiment que sa mère, morte depuis quatre ans déjà, tentait sans cesse de s'immiscer dans sa vie. Il avait l'impression qu'elle voulait le contrôler, comme de son vivant. Ce n'est qu'avec l'aide d'un ami médium que la mère a pu être libérée de la zone intermédiaire. Toutes les influences négatives ont ensuite disparu.

Il est important de savoir qu'aucun survivant ne peut lier par sa tristesse un défunt à la terre. Cela ne fonctionne que lorsque ni le défunt ni le vivant ne veulent lâcher prise. À chaque passage dans l'autre monde, les aides spirituels et les proches sont présents pour recevoir l'âme et la guider vers sa destination. La liaison à la terre est une décision libre de l'âme, qui dispose de son libre arbitre même après la mort. Un contact avec une « âme en peine » doit donc toujours l'inciter avec amour à demander de l'aide. Elle a ainsi la possibilité de se libérer de cet isolement qu'elle a elle-même choisi.

Dans mes séminaires, je me suis rendu compte que les gens sentent avec précision si, après le décès d'un proche, son passage a échoué. Un contact avec une âme liée à la terre est associé à des sentiments négatifs d'inquiétude, de peur et d'oppression. Cela est très différent des contacts *post mortem* vécus positivement, qui apportent une consolation ou aident à surmonter le deuil. En règle générale, aucun mort ne tente d'influencer les vivants d'aucune manière. Une âme en peine est triste, angoissée, agressive, voire vengeresse. Ces sentiments négatifs sont alors perçus par les vivants.

Une dame m'a écrit :

« Mon frère est mort des suites de l'opération d'une tumeur, à l'âge de trente-deux ans seulement. Ce fut une mort longue, atroce, parce qu'il ne pouvait pas me laisser. Nos âmes étaient vraiment très liées. De son vivant, il essayait sans cesse de m'influencer et il s'est même immiscé dans mon mariage. Après sa mort, je sentais sa présence, mais il semblait triste et mélancolique. Même après son décès, il essayait encore de m'influencer : il faisait irruption dans mes rêves et me faisait des reproches. Pendant des semaines, je me suis sentie opprimée par lui et je n'arrivais plus à trouver le repos. Une amie m'a conseillé d'entrer en contact avec lui à l'aide d'un médium. Le contact s'est établi rapidement. Nous avons éclairci tout ce qui demeurait en suspens et nous lui avons demandé de lâcher prise. Le poids qui oppressait mon âme a alors disparu. Quelques semaines après, il m'a remerciée en rêve. »

Les âmes perdues peuvent aussi avoir une influence négative en tentant d'emmener dans l'au-delà une personne restée en vie. Des cas de faiblesse, de mal-être ou de dépressions sont parfois dus à l'influence néfaste d'une âme liée à la terre qui ne veut pas lâcher prise. Celui qui subit une telle tentative ressent une oppression interne presque insaisissable, qui peut entraîner la mélancolie ou la désespérance.

Kerstin m'a écrit :

« Jonas était tout pour moi. J'ai assisté, impuissante, à son décès des suites d'un long cancer, lorsqu'il était âgé de seulement quarante-cinq ans. Après sa mort, à l'été 2006, j'étais abattue et dépressive. Je sentais la présence de Jonas, mais cela m'oppressait. Je devenais de plus en plus faible et apathique, et je ne voulais plus vivre. Dans mon désespoir, je me suis adressée à une femme médium, qui m'a expliqué que Jonas refusait en fait d'aller plus loin dans son développement après sa mort. Il se raccrochait sans cesse à moi, car notre relation fusionnelle n'était pas achevée. La médium m'a aidée, en établissant un contact direct, à modifier notre relation. Quelques jours après, j'ai fait un rêve bouleversant, dans lequel Jonas me remerciait et me disait adieu. »

De nombreux psychothérapeutes méconnaissent le fait que des proches peuvent tout à fait développer une nostalgie de la mort à cause des influences négatives d'un défunt. La société n'est pas encore assez avancée pour accepter sans réserve comme un fait établi la réalité des contacts avec des morts. Quoique bien plus de la moitié de la population allemande ait vécu une expérience de ce type, ce sujet reste tabou : seule une minorité de gens osent parler en public de leurs expériences et de leurs rencontres avec des défunts. C'est vrai en particulier lorsque les défunts essaient d'avoir une influence négative sur leurs proches. Les personnes touchées restent alors seules avec leurs problèmes.

Il convient de ne pas passer sous silence le fait que les âmes en peine qui sont attachées à des lieux ou des personnes en particulier sont souvent à l'origine de phénomènes qu'on appelle les esprits frappeurs. Il s'agit de défunts qui se manifestent en faisant du vacarme ou en vociférant. On entend des bruits de chocs ou l'on assiste à des déplacements d'objets.

Un couple avait acquis une maison ancienne. Sans en parler à personne, la femme entendait chaque nuit depuis des années un bruit de pas traînants et sentait une main soulever sa couverture. Elle finit par s'en ouvrir à son mari. Dans son désespoir, le couple s'est tourné vers Gabriele Köstinger, qui chasse ce type d'esprits depuis des années.

Dans son livre, *Poltergeister* (« *Esprits frappeurs* »), elle décrit comment elle a mis fin à des années de tourments :

« Je me suis rendue chez le couple, dans la région du Burgenland, où j'étais attendue avec impatience. Dans la chambre à coucher, je me suis assise sur le lit et j'ai pris contact avec le défunt. Je voyais nettement le visage et la silhouette d'un vieil homme. Ce que j'ai entendu alors m'a d'abord laissée sans voix. Une voix d'homme s'est mise à parler en dialecte : "Que veux-tu donc, petite dame ?" Le dialogue était pour moi très difficile à conduire, parce que je ne comprends pas bien le dialecte. L'homme était l'ancien propriétaire de la maison. Le jeune couple avait installé sa chambre exactement là où se trouvait celle de l'homme, et, ainsi, le vieil homme trouvait amusant d'importuner la jeune femme. J'ai alors expliqué clairement à l'homme qu'il était mort et qu'il devait entrer dans la lumière. Il m'a alors demandé : "C'est quoi qu'vous entendez par lumière ? Voulez dire l'ciel ?" J'ai acquiescé. Le vieil homme a alors dit : "Au ciel, t'n'y iras point, c'est c'qu'il a dit, l'curé." Il a fallu de ma part des trésors de persuasion pour faire comprendre à cet homme qu'il devait entrer dans la lumière, et c'est ce qui a fini par se produire[1]. »

Ces cas et d'autres semblables démontrent que les défunts restent souvent des décennies sans pouvoir se résoudre à se séparer d'un lieu ou d'une propriété donnée. Si un homme meurt avec l'idée qu'il a subi une grave injustice, il peut emmener au-delà de la mort son désir de vengeance et sa

---

1. Köstinger (Gabriele), *Poltergeister. Ein Buch für Gläubige und Ungläubige* (*Esprits frappeurs. Un livre pour ceux qui y croient et ceux qui n'y croient pas*), Güllesheim, Silberschnur, 2003.

haine. L'âme pourchasse le malfaiteur supposé. Comme il n'y a pas d'espace ni de temps dans le monde spirituel, certaines âmes errent pendant des siècles avant d'être prêtes à accepter de l'aide. Lorsque l'âme reconnaît et accepte son état, elle trouve toujours auprès d'elle des êtres spirituels prêts à l'aider.

Lorsque les vivants ont l'impression que quelque chose ne se passe pas correctement lors du décès d'un proche, il est très utile de prier pour lui. Chaque prière est un rayon de lumière.

CHAPITRE 3

HISTOIRE DU MÉDIUMNISME

Qu'est-ce qu'un médium ?

Par le terme de médium, on comprend une personne qui peut entrer en contact avec le monde de l'au-delà et établir une liaison avec des défunts. La plupart des médiums le font en étant pleinement conscients et transmettent les messages qu'ils reçoivent de l'autre monde. Un médium établit un contact avec son moi suprême (âme), qui permet le contact entre lui et l'au-delà. Toute activité médiumnique est donc fondée sur un état de conscience élargie.

La plupart des médiums se connectent à la base de données cosmique, où est stockée la totalité du savoir. Certains décrivent des images concrètes de l'autre monde et voient des défunts, tandis que d'autres ressentent et entendent l'information. Dans certains cas, les facultés médiumniques comprennent la vision extralucide, c'est-à-dire la perception suprasensible d'objets du monde extérieur, mais aussi de l'au-delà. Certains entrent en transe, c'est-à-dire que l'esprit du mort prend entièrement possession du médium. Mais à l'heure actuelle cela n'est plus très fréquent.

Parmi les facultés médiumniques, on trouve aussi l'écriture automatique : un défunt guide la main du médium et lui transmet ainsi des informations en provenance de l'au-delà. Les médiums écrivent alors souvent avec la graphie de la personne décédée : ce point est essentiel, surtout lorsqu'un médium communique avec deux âmes en même temps. Cette pratique a donné lieu à de nombreuses sources qui, par l'imprécision de leurs affirmations concrètes sur l'au-delà, n'apportent presque pas d'informations et peuvent être rangées parmi les produits de l'imagination de leurs auteurs. Pourtant, des textes d'une portée spirituelle élevée, contenant des vérités profondes, ont été produits par écriture automatique.

Le concept américain de *channeling* désigne le phénomène dans lequel une personne sert de porte-parole à des entités du monde des esprits. Le *channeling* est aujourd'hui très répandu, mais il est controversé, car on ne peut pas prouver d'où viennent les messages. Des scientifiques et des parapsychologues affirment qu'ils proviennent du subconscient. D'autres parlent d'une conscience supérieure, d'entités incorporelles telles que des anges ou des défunts qui racontent leur expérience de l'au-delà.

Dans les années 1960, l'Américaine Jane Roberts a fait du *channeling* pour l'entité spirituelle Seth ; elle a publié des livres mondialement connus à partir du matériau accumulé durant ses expériences. Parmi les autres médiums célèbres, il faut nommer les fondateurs de la Fondation Findhorn, Eileen et Peter Caddy ; ils ont affirmé communiquer avec les esprits et les anges, qui les ont aidés à construire leur communauté.

Plus récemment, à côté d'une littérature de plus en plus abondante sur le *channeling*, Neale Donald Walsch s'est fait connaître par ses *Conversations avec Dieu*. Il est peu vraisemblable que les messages dont il parle proviennent effectivement de la Source suprême. En 2006, il a publié son livre *Chez soi en Dieu – Sur la vie après la mort*, qui laisse le lecteur perplexe après qu'il a refermé le livre. En voici un court extrait :

> « La "mort" est un bouleversement énergétique qui produit d'énormes fluctuations dans la période et la fréquence des pulsations énergétiques de ton être et qui te propulse alternativement entre la vie physique et la vie spirituelle, comme tu les appellerais[1]. »

Comprenne qui pourra. En un autre passage, il est écrit :

> « "L'espoir" est une énergie. Ni plus, ni moins. Toutes les pensées sont énergie, et ce que l'on appelle couramment la vie après la mort n'est rien d'autre qu'un champ énergétique. C'est un champ cosmique de potentialités infinies[2]. »

Dans son ouvrage de près de 400 pages, on peine à trouver des affirmations concrètes sur la vie après

---

1. Walsch (Neale Donald), *Retour à Dieu : une vie sans fin*, Outremont (Québec), Ariane, 2006.
2. *Ibid.*

la mort, et, comme l'illustrent les deux citations, le contenu informatif est égal à zéro.

Avec ce type de sources, j'invite le lecteur à vérifier avec précision ce qu'il peut admettre ou non. Il convient de faire preuve d'une extrême prudence, surtout avec la littérature qui se rapporte aux maîtres affirmant avoir réalisé une ascension ainsi qu'avec les innombrables annonces et messages des archanges, de Marie et de Jésus. Lorsque les auteurs n'ont pas confiance en leur propre autorité et se réclament d'êtres supérieurs, ils renoncent à leur responsabilité quant aux messages qu'ils transmettent.

Expériences personnelles

Il y a quelques années, j'ai fait la connaissance d'Alexa Kriele, avec qui j'ai édité le livre : *Mit den Engeln über die Schwelle zum Jenseits* (« *Franchir avec les anges le seuil de l'au-delà* », 2004, non paru en français). En juillet 2003, j'ai été invité une semaine chez elle et j'ai interrogé les « anges » sur la mort et l'au-delà. Malheureusement, le livre paru un an plus tard contenait beaucoup de thèmes fortement marqués par les dogmes chrétiens. Dans le livre, il n'était pas mentionné que je n'avais pas posé ces questions. J'ai donc par la suite pris mes distances avec ce livre.

Pourtant, l'expérience de cette semaine m'a beaucoup touché. J'ai eu de toute évidence des contacts avec divers êtres, des personnalités très différentes par leur langue et leur aura. À la fin de notre collaboration, j'ai posé une question sur le séjour de ma mère dans le monde spirituel. Alexa a tout de suite décrit ses traits de caractère, qui étaient si concrets que j'en ai été épaté – tout ce que j'ai pu faire, c'est demander comment elle allait.

Quelques semaines après, j'ai reçu une visite privée d'une femme médium anglaise, Sheila, que j'avais connue lors d'un congrès en Italie. À dessein, je ne lui ai pas posé de question ; j'étais dans un état d'esprit critique et sceptique à l'égard des messages de l'autre monde. Je ne voulais pas me laisser influencer dans mon travail. Peu avant son départ, Sheila m'a dit de but en blanc que j'avais encore une question à lui poser. Aucune question ne me venait à l'esprit. « Si, a-t-elle dit, tu veux savoir si ta mère est encore avec ton père. » J'ai fait signe que oui. Elle m'a alors expliqué que ma mère se faisait des soucis à propos du développement spirituel de mon père. Ils étaient encore ensemble, mais ma mère se trouvait à un niveau plus avancé. Ces messages étaient la continuation directe de la séance avec les « anges » et Alexa, dont pourtant Sheila ne savait absolument rien.

Il est arrivé très souvent que des personnes douées de facultés médiumniques s'adressent à moi à l'issue d'une conférence en espérant que je retransmette leurs paroles. Je n'oublierai jamais un rassemblement à Augsbourg, au cours duquel on a glissé deux lettres dans ma poche ; les affirmations des deux dames n'auraient pas pu être plus éloignées l'une de l'autre. L'une des deux femmes m'écrivait qu'elle voyait des anges et Marie flotter au-dessus de moi, tandis que l'autre affirmait voir des âmes perdues qui s'accrochaient à moi, et m'incitait à m'en libérer. À cause de cette expérience et d'autres du même type, j'ai gardé mes distances à l'égard de ce type de phénomènes.

Incité par une amie, je suis allé en Angleterre en juillet 2006 pour participer à une semaine de stage médiumnique. Je devinais déjà que quelque chose de très important allait se produire, car dans la vie rien n'arrive par hasard.

Chaque participant à ce séminaire avait la possibilité de réserver avec un médium un *sitting*, c'est-à-dire une séance individuelle. Je me suis inscrit avec une femme médium nommée Margaret Faulkner. Pour que le lecteur puisse se faire une idée du déroulement d'un *sitting*, je publie ici certains extraits du compte rendu de séance.

Compte rendu d'une séance

Le 12 juillet 2006, je suis entré, sans grandes illusions, dans la bibliothèque de Stanstead Hall. Margaret était assise à une petite table face à une grande fenêtre avec une vue magnifique sur la campagne environnante. Je lui ai donné une cassette pour que la séance puisse être enregistrée. Je ne lui ai pas posé de question, et Margaret a parlé une demi-heure sans interruption.

Au début de la séance, je suis quelque peu irrité. Margaret sent dans mon champ énergétique la présence de mon grand-père paternel, que je n'ai pas connu, car il est mort, d'après ce que je sais, pendant la Seconde Guerre mondiale. Puis la médium me demande si ma mère est dans le monde des esprits. Je fais « oui » d'un signe et elle me dit qu'elle m'embrasse.

Margaret raconte :

« Ta mère ne pouvait pas exprimer ses sentiments pendant sa vie, mais elle avait des sentiments très profonds. Elle a beaucoup souffert dans sa vie. Elle voulait que sa famille soit unie et constitue un socle solide pour la vie de chacun. Elle te fait dire combien elle est fière de toi, de ce que tu as fait de ta vie. Quand tu étais petit, tu posais toujours des questions. Elle se demandait toujours d'où cela venait, car personne dans la famille n'était comme ça : elle sait à présent que cela vient de ton état d'esprit personnel. Tu as toujours été individuel et solitaire – tu as très tôt montré le besoin de te retirer seul. Bien sûr, tu avais tes amis, mais tu étais différent. Tu te sens encore aujourd'hui mal à l'aise en présence de beaucoup de monde. Ta mère se faisait du souci parce que tu n'étais pas comme les autres garçons de ton âge et que tu n'avais pas les mêmes occupations qu'eux. Elle sait maintenant pourquoi. »

Puis ma mère me parle directement à travers le médium :

« Tu as choisi cette vie consciemment et tu dois accomplir ton destin personnel. Suis ton chemin et ta vocation. Tu as un soutien spirituel, même si tu n'as pas encore compris combien cette influence est réelle. Il y a beaucoup de nouveau dans ta vie – tu vas sentir les changements en toi. Tu vas te sentir mieux et tu seras plus satisfait de toi-même que maintenant. Ne te mets pas de pression, accorde-toi plus de repos. Alors tu pourras apprécier la vie et tu seras plus heureux. »

Puis Margaret reprend son récit :

« Ta mère a beaucoup souffert avant sa mort. C'était une femme très fière ; à la fin, elle se sentait fatiguée, vide, épuisée. Ta mère voulait mourir. Elle est donc devenue négative, tout en voulant le cacher aux autres. Elle pensait souvent : "Pourvu que je ne me réveille pas." Aujourd'hui, elle sait que Dieu ne l'a pas rappelée avant son heure. Elle avait besoin de ce long processus. Toutes les horreurs du cancer appartiennent au passé. »

Puis ma mère décrit son passage :

« J'ai été accueillie par ton père, et j'ai flotté à travers un long tunnel, emplie d'un sentiment de paix. Je me sentais libérée, comme si on enlevait un lourd manteau de mes épaules. Je pensais : c'est magnifique, je peux enfin partir. Je voyais la lumière et une foule de gens qui m'attendaient. Puis j'ai vu ma mère, mon père et de nombreux membres de notre famille, qui voulaient célébrer ma vie. C'était comme une fête, une fête dans le monde des esprits, en l'honneur de tout ce que j'avais fait et réussi dans ma vie. Dans la vie, nous ne réfléchissons pas à nos mérites, mais, dans le monde spirituel, ils sont reconnus, c'est comme une remise de diplôme. J'ai compris que tous les événements de ma vie avaient un sens – les événements positifs et les négatifs – et qu'il devait en être ainsi. La vie est un processus d'apprentissage sans fin. »

À ma surprise, ma mère me faisait à présent savoir qu'elle était très heureuse d'être avec mon père. De leur vivant, tous deux avaient eu des hauts et des bas, mais ils avaient toujours été liés par un amour profond. Puis mon père m'a fait savoir qu'il serait là pour moi. Durant sa vie, il n'a jamais pu me donner cette présence. Il le regrettait profondément. À présent, il me parle directement à travers la médium :

« Si tu vas dans le monde spirituel et que tu revois le film de ta vie, tu sauras où tu as échoué. Il faut beaucoup de temps pour admettre ses erreurs. Moi, j'ai commencé par refuser le film de ma vie. Je ne supportais pas d'avoir eu un comportement négatif. Avec l'aide de ta mère, je peux me présenter à toi pour te dire : désolé, fils. Je suis fier de toi et de la manière dont tu mènes ta vie. Tu as traversé des moments difficiles et tu les as surmontés, car tu as travaillé sur toi-même. Moi, je ne l'ai pas fait. Tout ce qui n'allait pas dans ma vie, je l'ai projeté sur les autres, je les ai rendus responsables de mes erreurs. Je ne pouvais pas reconnaître ma propre responsabilité et mes propres faiblesses. Je n'avais pas la force d'admettre que ma vie était un échec. »

La médium dit à quel point mon père a du mal à exprimer tout cela. Dans l'au-delà, il a travaillé sur ses faiblesses et il souhaite me soutenir. Il a accepté sa vie telle qu'elle est – il veut continuer à se

149

développer. Il peut comprendre que je n'arrive pas à lui pardonner.

Cette séance a été pour moi extraordinaire. Depuis des années, je raconte lors de mes conférences la manière dont ma mère m'a dit adieu au moment de sa mort. À cet instant, j'ai ressenti, alors que j'étais arrêté à un feu rouge, un sentiment absolu de liberté, de délivrance et de joie, j'ai senti l'âme de ma mère traverser mon cœur. Seize ans plus tard, j'étais assis dans la bibliothèque de Stanstead Hall face à la médium Margaret Faulkner. Elle ne me connaissait pas, elle ne savait pas que je faisais des recherches sur la mort. Cette séance m'a convaincu personnellement que la vie après la mort est une réalité, si tant est que j'avais encore besoin d'être convaincu. Ma mère raconte son passage exactement tel que je l'avais ressenti, mon père me demande pardon. Ce sont surtout ses affirmations à lui qui m'ont ouvert les yeux sur les fausses représentations que nous nous faisons de la vie après la mort. Voir défiler notre vie est une épreuve à laquelle nous allons tous devoir nous soumettre. Ce n'est qu'après cela que l'âme peut poursuivre son développement dans le monde spirituel. Grâce à son témoignage, j'ai pu faire la paix avec lui et ainsi clore un important chapitre de mon passé.

Expériences mystiques

Les EMI, en plus d'être des moments de connaissance extracorporelle de l'au-delà, constituent des événements spirituels profonds, qui bouleversent pour toujours ceux qui les vivent. Nombre de personnes ont non seulement des aperçus de l'autre monde, mais vivent aussi une fusion directe avec Dieu, qui est en son fondement d'essence mystique.

Le concept de mystique est défini comme une forme particulière de religiosité, dans laquelle une personne tente de parvenir, à force de dévouement et d'immersion spirituelle, à une union personnelle avec Dieu. Le mysticisme est moins une religion que l'expérience spontanée d'un état de conscience élargie et par conséquent de l'autre réalité au-delà de l'horizon limité du quotidien matériel. Chacun peut vivre une expérience mystique, indépendamment de son appartenance religieuse ou de sa croyance personnelle.

L'unique source de tout le savoir sur l'au-delà est la faculté qu'a l'homme de transcender la réalité terrestre et d'avoir une vue spirituelle de l'essence de la création. Cette faculté est présente à toutes les époques de l'histoire humaine. Les mystiques, les médiums, les grands voyants ainsi que les EMI sont des preuves éloquentes de la capacité des hommes à atteindre des états de conscience élargie et, ainsi, non seulement à obtenir une connaissance de la vie après la mort, mais aussi à faire l'expérience de l'omniprésence de Dieu. La mystique est en son essence un état de conscience par lequel on peut vivre l'unité de toutes choses.

Le mystique regarde une réalité qui dépasse tout ce que peut représenter l'entendement. Cet état provoque une joie profonde, face à l'amour inconditionné et à l'unité que l'on ressent. Toutes les contradictions de la vie s'effacent : la vérité de l'existence de Dieu devient un savoir total.

Cette unité avec Dieu, que nous appelons illumination, est le but, le sens, la raison ultime de notre vie. L'homme est inondé de sa lumière et attiré vers lui. Laissant derrière lui tout ce qui est terrestre, il ne fait plus qu'un avec Dieu. Cet état de conscience est appelé *Unio mystica*. Maître Eckhart (1260-1328), l'un des plus grands mystiques allemands, a tenté de dépasser l'expérience humaine et de revenir à Dieu. Il exprime l'union avec Dieu comme ceci :

« Si le Père t'emmène dans cette même lumière, il te donne la force avec Lui-même de t'engendrer toi-même et toutes choses... Ainsi, avec le Père sans perdre la force du Père, tu engendres toi-même et toutes choses dans un maintenant présent[1]. »

Dans cette unité, Dieu est la source originelle de tout être. En son essence pure, Dieu est une forme d'énergie (une force) à partir de laquelle l'univers est constitué et tout est relié à tout. Nous sommes tous une partie de cette conscience éternelle. Dans cette lumière éternelle de l'amour, l'homme comprend qu'il est fait à l'image de Dieu, non pas du point de vue du corps, mais de celui de l'âme.

---

1. Reiter (Peter), *Geh den Weg der Mystiker Meister Eckharts Lehren für die spirituelle Praxis im Alltag (Suis le chemin des mystiques. L'enseignement de Maître Eckhart pour la pratique spirituelle au quotidien)*, Fribourg, Verlag Hermann Bauer, 2001.

Qui fait l'expérience de l'unité avec Dieu est dans son amour.

La question se pose de savoir dans quelle mesure l'expérience mystique est identique à la mort. Le rhéteur grec Thémistius écrivait déjà :

« L'âme fait au moment de sa mort la même expérience que celle de ceux qui sont initiés aux grands mystères. On commence par errer et s'empresser en tous sens, fatigué, on voyage plein de défiance dans l'obscurité, comme un non-initié ; puis apparaissent toutes les terreurs de la dernière initiation : tressaillements, transpiration, frissons, stupeur ; puis on est saisi par une merveilleuse lumière et on est accueilli dans des paysages et des champs purs, emplis de voix et de danses, pleins de la majesté des musiques et des formes sacrées. Celui qui a réussi l'initiation va et vient à son gré ; délivré, il porte sa couronne, participe à la confrérie des dieux et côtoie des hommes purs et saints. Il considère ceux qui vivent ici-bas sans initiation comme une bande d'impurs qui marchent sur ses pieds et croupissent ensemble dans la crasse et le brouillard, s'accrochant à leur misère, soit par peur de la mort, soit par méfiance à l'égard des bénédictions de ce lieu[1]. »

Que l'on parte des voyages chamaniques dans l'au-delà, de l'expérience mystique ou des EMI : tous les éléments décrits par Thémistius dans son texte sont les motifs essentiels récurrents de l'être

1. Farnell (L.R.), *The Cults of the Greek States*, tome 3, Oxford, Clarendon Press, 1907.

humain en général. Il est ici question de l'angoisse fondamentale devant un état modifié de la conscience, devant l'incertitude, devant l'obscurité du tunnel, qui est aussi parfois décrit comme un vide. Pourtant, dans chaque état de conscience élargie, la confiance originelle de l'homme est exigée. Les mystiques chrétiens appelaient ce processus de transformation « l'obscure nuit de l'âme », que l'on doit traverser pour atteindre la sainteté de Dieu.

Chaque homme peut faire l'expérience de Dieu. Il devient alors une partie de l'étendue infinie du Divin, qui se trouve partout et réside en chaque homme. Mais l'homme limité à l'entendement ne reconnaît pas cette unité dans sa vie quotidienne. Tout mystique s'efforce de se fondre dans la pure lumière blanche, de s'y dissoudre complètement, et pourtant reste conscient de lui-même lors de cette expérience.

Thérèse d'Ávila, l'une des plus importantes saintes de l'église catholique, était souvent saisie d'états extatiques. Ce qu'elle décrit ici est identique à une EMI :

« Il me semblait que j'étais emportée au ciel ; et les premières personnes que j'aperçus là furent mon père et ma mère. »

Elle aussi compare ses expériences à la mort. Elle parle souvent du moment

« où l'âme en un instant se libère de sa prison et est apaisée, et la révélation de choses si sublimes lors

154

de telles extases me semble avoir une grande ressemblance avec la séparation de l'âme d'avec le corps ».

« L'âme, nous confie-t-elle, perçoit qu'elle est unie avec Dieu ; et de cela il lui reste une certitude si grande qu'elle ne peut absolument pas se défaire de cette croyance. Je savais en effet que Dieu est en toute chose, et il me semblait impossible qu'il me soit si intimement présent qu'il m'a semblé l'être à ce moment-là[1]. »

La voix authentique du mysticisme délaisse les représentations traditionnelles et transcende encore aujourd'hui l'espace et le temps, car elle est tout simplement vraie.

Le même témoignage de la vérité éternelle nous est apporté par les EMI. Une femme, dont l'activité cérébrale avait cessé au cours d'une opération du cerveau, écrit :

« Elle (la lumière) était à l'intérieur et tout autour, et traversait tout. C'est la lumière dont sont faites les auréoles des saints. C'est Dieu devenu visible : à l'intérieur, tout autour, partout[2]. »

De même que Thérèse, cette patiente ressent qu'elle ne fait plus qu'un avec Dieu.

---

1. Baigent (Michael), *Spiegelbild der Sterne. Das Universum jenseits der sichtbaren* Welt *(Expériences de mort imminente et visions de l'au-delà)*, Munich, Droener/Knaur, 2001.
2. Zaleski (Carol), *op. cit.*

Tous les états modifiés de conscience que peut connaître l'homme sont en leur fondement des expériences médiumniques. Chacun d'entre nous, qu'il en ait conscience ou non, a cette faculté de voir dans d'autres dimensions, au-delà de la réalité ordinaire.

Le médiumnisme dans l'histoire du monde

À toutes les époques de l'histoire humaine, il y a toujours eu, dans toutes les cultures et toutes les religions, des personnes douées de la faculté d'entrer en contact avec les défunts et avec l'autre monde. Au fondement de ce monde se trouve la croyance profondément ancrée dans la continuation de la vie après la mort. Toutes les cultures du passé en apportent des preuves. Le fondement de l'activité spirituelle des chamanes anciens, leur capacité à établir un contact avec le monde des esprits, remonte à des dizaines de milliers d'années. Les prêtres ou les hommes-médecine pouvaient quitter leur corps et prendre contact avec leurs ancêtres. Les limites de la conscience quotidienne s'abolissaient : l'âme pouvait rejoindre n'importe quel endroit à sa convenance, dans le monde d'ici-bas comme dans l'au-delà.

Les chamanes s'en remettaient à l'aide des défunts dans les situations difficiles ; pour cela, la liaison avec les morts était la condition indispensable. Les soigneurs chamaniques avaient des dons médiumniques.

Dans la Grèce antique, nombre de philosophes importants croyaient que l'âme se changeait en une image incorporelle et éthérée du défunt tel qu'il apparaissait sur terre. On était certain que les âmes des morts se tenaient d'abord aux alentours du lieu de mort ou du tombeau. C'est vrai en particulier pour ceux qui ont encore des choses à terminer dans leur vie : ces âmes ne se rendent pas compte qu'elles sont mortes. Platon (427 – 347 avant J.-C.) écrit à propos de ces âmes perdues, dans *Phèdre*, le dialogue où il présente sa doctrine des idées :

« Vous connaissez l'histoire des âmes qui errent autour des cimetières et des tombeaux, sur lesquelles on rapporte qu'on voit des figures fantomatiques : ces apparitions mêmes, causées par ces âmes qui ne sont pas pures au moment où elles quittent le corps, mais gardent encore quelque chose de corporel, ce qui explique pourquoi on peut les voir... Ce ne sont sans aucun doute pas les âmes des hommes bons, mais celles des méchants qui, par punition pour leur mauvaise conduite durant leur vie, sont condamnées à hanter ces lieux.[1] »

Dans l'*Odyssée* d'Homère, on trouve au chant XI le « Livre des morts », qui contient la première description complète dans la littérature mondiale d'une séance de questions posées à un mort par un médium. Ulysse, qui se trouve dans une situation difficile, tente d'utiliser ses capacités médiumniques et rappelle les morts de l'Hadès.

---

1. Platon, *Phèdre*, cité par Innes (Brian), dans *Death and the Afterlife*, New York, St. Martin's Press, 1999.

Ce qu'il y a d'incroyable dans ces descriptions, c'est que le premier esprit qui apparaît donne une relation précise des circonstances de sa mort. De nos jours encore, bien des gens apprennent par un médium les détails non encore connus des circonstances du décès d'un proche. L'esprit qui apparaît est son compagnon de voyage, Elpénor, dont Ulysse ignorait totalement qu'il était mort. Celui-ci raconte :

« La mauvaise volonté d'un Démon et l'abondance du vin m'ont perdu. Dormant sur la demeure de Circé, je ne songeai pas à descendre par la longue échelle, et je tombai du haut du toit, et mon cou fut rompu, et je descendis chez Hadès[1]. »

Le Monde souterrain (les Enfers) dont il est question ici n'était pas considéré dans l'Antiquité comme le lieu de la damnation éternelle, mais comme le séjour des âmes après la mort. Ce n'est que plus tard que ce mot a désigné l'Enfer au sens où nous l'entendons. Le royaume des morts est décrit dans l'*Odyssée* d'Homère comme un monde voisin du nôtre, qui se trouve au-dessous (Monde souterrain, Hadès, Enfers) ou au-dessus de nous (Ciel, champs Élysées).

À travers les millénaires, le phénomène de l'apparition des défunts montre que l'âme prend après la mort un corps subtil, qui correspond à l'apparence du corps terrestre. Dans l'*Odyssée*,

---

1. Homère, *L'Odyssée*, traduction de Leconte de Lisle, Paris, Livre de Poche.

Homère souligne cet aspect par les questions que pose Ulysse à l'apparition de sa mère décédée. Il est tellement impressionné par cette apparition qu'il veut prendre sa mère dans ses bras. Mais l'apparition ne se laisse pas saisir :

> « Je voulus, agité dans mon esprit, embrasser l'âme de ma mère morte. Et je m'élançai trois fois, et mon cœur me poussait à l'embrasser, et trois fois elle se dissipa comme une ombre, semblable à un songe[1]. »

Dans la Bible, dès les premières pages, il est sans cesse question de contacts avec le monde des morts, avec des anges ou avec des apparitions du Seigneur. L'un des récits bibliques les plus célèbres est celui que fait le roi Saül de sa rencontre avec la sorcière qui évoque les morts à Endor. Le roi se trouve dans une situation très délicate : il est encerclé par les ennemis d'Israël. Après la mort de son protecteur Samuel, Saül a fait chasser tous les évocateurs des morts et les prophètes hors du pays. Comme il a le sentiment d'être lui-même abandonné par Dieu, il se déguise et se fait mener chez la sorcière d'Endor. Là, Samuel souhaite prendre connaissance de son sort. La médium reconnaît le roi et conjure à présent Samuel :

> « Et le roi lui dit : "Ne crains rien ! Mais que vois-tu ?" La femme dit à Saül : "Je vois un dieu qui monte de la terre." Il lui dit : "Quelle figure a-t-il ?" Et elle répondit : "C'est un vieillard qui monte et il

---

1. *Ibid.*

est enveloppé d'un manteau." Saül comprit que c'était Samuel, et il s'inclina le visage contre terre et se prosterna. » (1 Samuel 28, 13-14)

Par la description précise des vêtements, Saül reconnaît qu'il a pris directement contact avec Samuel. Celui-ci se trouve dérangé dans son repos et lui prophétise :

« Et même l'Éternel livrera Israël avec toi entre les mains des Philistins. Demain, toi et tes fils, vous serez avec moi, et l'Éternel livrera le camp d'Israël entre les mains des Philistins. » (1 Samuel, 28, 19)

Le premier livre de Samuel se termine avec la mort de Saül. Lui et ses fils se donnent la mort, pour échapper à leurs ennemis.

La tentative d'influencer la réalité avec des formules magiques, des rituels ou des pratiques occultes est sans cesse dénigrée dans la Bible. Parmi ces pratiques se trouvent l'évocation et l'interrogation des morts. Au sens strict, la Bible comprend sous ces termes toutes les activités humaines qui sont désignées par le terme de magie. Face à cela demeure le besoin universel qu'ont les hommes de prendre contact avec un monde qui se trouve au-delà de nos expériences et de nos limites ordinaires. Il ne faut donc pas comprendre les affirmations des médiums comme des pratiques magiques, mais comme une aide aux hommes dans leur quête pour comprendre le sens de la vie. Les messages médiumniques authentiques apportent à bien des gens une consolation et de l'espoir après une perte très dure.

Pourtant, chacun doit vérifier par soi-même avec soin le contenu des affirmations.

L'Église catholique ne nie pas que les âmes des morts puissent apparaître aux vivants (avec une autorisation particulière de Dieu). Elles peuvent même transmettre des choses que les fidèles ne savaient pas. En revanche, l'Église condamne la nécromancie, c'est-à-dire la croyance que les morts, par leur position entre les hommes et Dieu, soient en mesure de savoir ce que réserve l'avenir. Mais il n'est justement pas question de cela dans les propos des médiums sur les morts et sur l'au-delà.

Emanuel Swedenborg

Le mathématicien et savant Emanuel Swedenborg (1688-1772) était l'un des plus grands visionnaires de l'Histoire. Swedenborg a d'abord eu des perceptions extrasensorielles sur le monde terrestre, qui se sont révélées exactes. En rendant visite à un ami à Stockholm, il a la vision de l'incendie de Göteborg, une ville située à 300 kilomètres de là. Il décrit le lieu et la manière dont le feu est éteint par quinze hommes. Par la suite, il a reçu une lettre où ses affirmations étaient confirmées. Le philosophe Emmanuel Kant a consacré à Swedenborg son ouvrage intitulé *Les Rêves d'un visionnaire*.

En 1758 paraît son ouvrage majeur, *Le Ciel et l'Enfer*, où Swedenborg décrit le monde spirituel. La représentation qu'il offre de la vie après la mort correspond pour partie de manière frappante avec ce que nous savons par les EMI. Il décrit le passage dans le tunnel, l'accueil par les proches ou les amis, la vision du défilement de la vie, les paysages sublimes et les accumulations de connaissance pure. Le monde situé au-delà de l'espace et du temps est immergé de lumière, d'amour et de paix. Selon ses préférences, ses habitudes et son caractère, l'âme est, comme dans la vie terrestre, attirée par les personnes et les lieux dans lesquels se reflète sa propre disposition psychique. D'après les visions de Swedenborg, le ciel et l'enfer sont des états de conscience différents. Ce dont on fait l'expérience dans l'existence d'après la mort, ce n'est pas le mérite ou la punition, c'est la juste continuation du développement psychique et spirituel entamé sur terre. L'abîme qui sépare le ciel de l'enfer est creusé par l'opposition entre l'amour-propre complaisant et l'amour désintéressé de Dieu et de son prochain.

Malheureusement, Swedenborg mêle à ses descriptions de l'au-delà des jugements subjectifs, si bien que son œuvre n'a trouvé que peu d'attention en tant que description objective du royaume des morts. Bien que son livre soit pénétré d'authentiques vérités spirituelles, ses leçons de morale et de théologie font naître l'impression que l'auteur veut avoir toujours raison. Je voudrais démontrer ce problème en me servant de deux courts extraits :

« Tous les hommes qui, dans le monde, ont consacré leur vie au bien et ont agi selon leur conscience – et ce sont là les hommes qui ont reconnu quelque chose de divin et ont aimé les vérités divines –, ceux-là ressentent, une fois transportés dans l'état de leurs domaines intérieurs, un sentiment semblable à celui

162

d'une personne qui se réveille ou qui passe de l'ombre à la lumière[1]. »

Par l'état des domaines intérieurs, Swedenborg désigne la vision rétrospective de la vie, au cours de laquelle l'homme est confronté à ses pensées, actions et paroles. Celui qui se fie à Dieu pendant sa vie se trouve du côté du ciel. Mais on peut se demander si cette distinction simple entre le bien et le mal l'est en réalité. D'après Swedenborg, le refus du divin mène à un état de conscience négative après la mort :

« Ceux dont la vie terrestre a été mauvaise et qui, dans leur inconscience, ont renié le divin, l'état de leur esprit sera entièrement l'inverse. Car tous ceux dont la vie est mauvaise renient intérieurement le divin, même s'ils sont extérieurement persuadés qu'ils ne le renient pas mais le reconnaissent, car la reconnaissance du divin et une vie mauvaise sont des contraires mutuellement incompatibles[2]. »

L'œuvre de Swedenborg contient de nombreuses informations sur l'état spirituel de l'âme après la mort. Il est cependant urgent de traduire ses connaissances dans une langue actuelle et de les comparer avec les résultats des recherches disponibles. Ce n'est qu'à ce moment-là que se révélera la véritable valeur spirituelle de ses écrits.

---

1. Swedenborg (Emanuel), *Du ciel et de ses merveilles et de l'enfer d'après ce qui a été entendu et vu*, 1758.
2. *Op. cit.*

La conception théosophique de l'au-delà

Sous le concept de théosophie, on comprend littéralement la « sagesse divine » ; le terme renvoie à une orientation spirituelle et une vision du monde qui cherchent à éclairer la construction et le destin du monde par un contact méditatif avec Dieu. Son développement à la fin du XIXᵉ siècle est fortement lié aux noms de Helena Blavatsky, d'Annie Besant et d'Alice Bailey. Les systèmes théosophiques indiquent comment atteindre une connaissance de mondes supérieurs. La patrie de l'homme est le monde spirituel. Toutes les forces dans l'univers et chez l'homme sont l'expression de la volonté divine, qui est la force fondamentale de toutes les forces et l'origine de toute existence.

La pensée théosophique et en particulier la fondatrice de la Société théosophique, Helena Blavatsky, ont eu une très grande influence sur le mouvement New Age, qui croyait que notre époque allait donner naissance à des temps nouveaux. Helena Blavatsky était une médium douée ; elle affirmait avoir reçu des messages des membres de la Grande Confrérie blanche au Tibet, les maîtres cachés, qui lui étaient apparus en personne. Les liens entre la pensée magique et les influences hindoues, bouddhiques et gnostiques ont été consignés dans ses ouvrages *La Doctrine secrète, Isis dévoilée, La Clé de la théosophie*. Malheureusement, il en est résulté un brouillage entre les pensées orientale et occidentale, qui a des répercussions encore aujourd'hui sur la littérature ésotérique et qui a provoqué une grande confusion. Une analyse plus précise révèle que plusieurs des thèses soi-disant attribuées à Helena Blavatsky ont en fait été empruntées à des ouvrages ésotériques de l'époque. Il reste cependant incontestable que la théosophie s'est particulièrement occupée de la vie après la mort. Le théosophe allemand Erhard Bäzner (mort en 1963), pendant toute sa vie, s'est donné pour tâche de mener des recherches sérieuses sur l'au-delà. Dans son livre *Wo sind die Toten ? Sehen wir sie wieder ?*, paru pour la première fois en 1922 et toujours disponible, il décrit la mort et la vie après la mort. Pour Erhard Bäzner, le dépouille-ment du corps, que nous appelons la mort, est comparable à un changement de vêtement. Il ne recherche l'éternité ni dans le passé ni dans l'avenir, mais il la connaît et la vit dans le présent du réel. Selon les thèses de la théosophie, la peur profondément ancrée de la mort s'enracine dans le matérialisme, qui ne reconnaît comme réalité que le monde des phénomènes extérieurs. Seule la connaissance de l'homme comme être spirituel éternel retire à la mort son caractère effrayant.

Selon la théosophie, les régions invisibles de l'au-delà sont constituées de sept sphères distinctes. Le niveau inférieur est le lieu et l'état des pulsions les plus basses, un monde d'obscurité, ce que nous appellerions enfer. L'âme y est confrontée aux conséquences de ses souhaits et désirs les plus bas. Ce n'est que par la recherche active de la paix et du bonheur véritables qu'elle peut s'élever à un niveau supérieur. Erhard Bäzner insiste sur le fait que la région obscure est un état de la conscience et que toute âme a la possibilité de continuer son développement. Ensuite viennent différents niveaux dans le monde des souhaits. C'est le monde spirituel, dans lequel nos souhaits et nos pensées se manifestent immédiatement.

Erhard Bäzner écrit à ce propos :

« Ainsi le défunt traverse-t-il dans le monde des souhaits les états les plus divers, tandis qu'il se tient dans les sphères qui correspondent à sa nature et qu'il s'occupe en fonction de son caractère. Le degré de l'état d'éveil, ainsi que la capacité de percevoir le nouvel environnement, varie grandement, de même que les prédispositions et les capacités des hommes dans le monde physique, dans lequel jamais deux personnes ne se ressemblent totalement[1]. »

Seul l'homme entièrement purifié de toutes ses passions atteint les régions supérieures, où tous les penchants égoïstes sont dépassés : il est alors dans un état intérieur de calme, de béatitude et d'harmonie. Il est désormais libéré de tous les désirs terrestres. Nos pensées déterminent notre vie : plus une personne pense de manière claire et désintéressée, plus sa vie dans le monde céleste est belle, riche et sublime. Dans son abrégé intitulé *Das Jen-*

_____

1. Bäzner (Erhard), *Wo sind die Toten ? Sehen wir sie wieder ?* (« *Où sont les morts ? Les reverrons-nous ?* »), Leipzig, Theosophischer Kultur Verlag, 1927.

seits (« L'Au-delà »), l'historien des religions Hans-Jürg Braun résume la suite des expériences de l'âme dans les régions supérieures, telles que les voyait Erhard Bäzner :

« Pourtant, tous ne traversent pas la totalité des sept sphères. Seuls les Éveillés spirituels, les Aides et Serviteurs de l'humanité vivent consciemment en toute chose, car ils peuvent, au moyen de leur conscience élargie, déclencher en eux-mêmes des vibrations supérieures. Mais ce ne sont pas seulement les hommes trépassés, mais également des créatures de toutes sortes, qui partagent la vie heureuse dans les champs paradisiaques du monde céleste : les anges et les fils de Dieu, des êtres d'une beauté et d'une majesté indescriptibles. Ils appartiennent à une autre lignée de développement que l'homme et doivent accomplir des tâches spécifiques dans différentes sphères de conscience de l'univers. Ils aident les hommes, comme anges gardiens, et les assistent dans toutes leurs tâches généreuses et pleines d'amour[1]. »

L'anthroposophie de Rudolf Steiner

Rudolf Steiner était, jusqu'au début du XXᵉ siècle, secrétaire de la Société théosophique allemande, dont il s'est ensuite éloigné. La doctrine qu'il a

---

1. Braun (Hans-Jürg), *Das Jenseits. Die Vorstellungen der Menschheit über das Leben nach dem Tod (L'Au-delà. Les représentations de l'humanité sur la vie après la mort)*, Zurich, Artemis et Winkler Verlag, 1996.

fondée, l'anthroposophie, comme la théosophie, part du principe que l'homme peut développer des facultés supérieures, pour parvenir à des connaissances suprasensibles. Le moi de l'homme provient du monde divin, et la naissance et la mort ne sont que des étapes de passage de l'évolution éternelle de l'âme. Steiner a utilisé dans son œuvre les concepts de *karma* et de *réincarnation* : ce qui n'a pas été accompli doit être compensé, ce qui est possible par une nouvelle incarnation. Pourtant, celle-ci ne se produit pas immédiatement après la mort, mais seulement au bout de très longues périodes. D'après sa conception, un homme ne renaît que quand le cours de l'Histoire a tellement changé que l'essence de l'humanité peut entamer une nouvelle étape de son évolution. Steiner ramène tous les événements du monde et de l'au-delà à l'apparition de Jésus-Christ dans l'histoire mondiale. Jésus doit être intériorisé comme l'archétype spirituel, afin que l'homme puisse se rendre compte qu'il est déjà citoyen des deux mondes.

Steiner a laissé une œuvre imposante, qui contient de nombreux tomes consacrés à la vie après la mort. Dans son ouvrage *La Science de l'Occulte*, il décrit en détail les étapes que franchit la conscience après la mort. Tout d'abord se produit la séparation de l'âme d'avec le corps physique ; le moi s'arrache à l'attraction du monde terrestre pour rejoindre le monde céleste.

« Il refait tout ce qu'il a vécu depuis la naissance. En partant des événements qui précèdent immédiatement la mort, il revit et retraverse tout ce qu'il a vécu en sens inverse, jusqu'à l'enfance[1]. »

En rapport avec cette vision du défilement de la vie, Steiner parle d'un « temps de purification », d'une durée variable. Pourtant, l'environnement de l'âme est empli d'entités qui correspondent à son développement spirituel. Tout ce que l'esprit a produit sur terre a son séjour dans l'au-delà.

« L'amitié et l'amour, qui s'élèvent au niveau spirituel, se retrouvent de nouveau ensemble dans le pays des esprits. Après l'abandon des corps, ils sont dans une communauté bien plus intime que dans la vie physique[2]. »

Steiner évoque aussi le fait que tous les êtres qui entourent l'âme trouvent « leur expression dans un monde de couleurs éclatantes ». Il en va de même avec les sons :

« Et plus l'homme s'habitue à ce monde, plus ce monde devient pour lui une vie qui a en elle-même son mouvement, que l'on peut comparer aux sons et à leur harmonie dans le monde physique[3]. »

---

1. Steiner (Rudolf), *La Science de l'Occulte* (en abrégé), 1910, cité dans Ruprecht (Erich und Annemarie), *Tod und Unsterblichkeit. Texte aus Philosophie, Theologie und Dichtung vom Mittelalter bis zur Gegenwart*, tome III.

2. *Ibid.*

3. Steiner (Rudolf), cité dans Schuberth (Ernst), *Zwischen Tod und Wiedergeburt. Texte Rudolf Steiners eingeleitet und ausgewählt von Ernst Schuberth (Entre mort et renaissance. Textes de Rudolf Steiner choisis et présentés par Ernst Schuberth)*, Francfort, Fischer Taschenbuch Verlag, 1988.

On trouve chez Rudolf Steiner, comme chez bien d'autres auteurs, une division en sept sphères de l'évolution spirituelle après la mort.

« La première région est dans une certaine mesure la terre ferme du monde spirituel, la deuxième, la région des mers et des fleuves, la troisième, le cercle aérien. La quatrième région est le monde des pensées. La cinquième région est décrite par la lumière, qui représente la sagesse se révélant dans sa forme première et originelle[1]. »

Les sphères les plus élevées de l'au-delà sont inaccessibles aux hommes. Celui qui atteint le niveau le plus élevé de son évolution s'unit avec la Lumière divine. Rudolf Steiner voit là le but ultime de toute âme.

L'apparition de l'anthroposophie a réduit l'influence de la Société théosophique en Allemagne. La rupture s'est produite lorsque Rudolf Steiner s'est exprimé contre la doctrine d'Annie Besant et de Charles Leadbeater selon laquelle le Christ se serait réincarné dans le corps de l'enfant hindou Krishnamurti. Steiner lui-même a été reçu de manière bien trop dogmatique par ses disciples, mais ses connaissances profondes sur le développement de l'âme après la mort restent jusqu'à nos jours inégalées dans la littérature allemande sur l'au-delà. Ses nombreuses publications en sciences de l'esprit sont cependant moins accessibles au lecteur actuel.

---

1. *Ibid.*

Le spiritisme

Par spiritisme, ou science des esprits, on entend la croyance dans l'apparition des âmes de défunts, avec lesquelles on cherche à entrer en contact par l'intermédiaire d'un médium. Le spiritisme comprend la totalité des apparitions, des actions et des théories qui résultent du contact entre les vivants et les morts. Cette doctrine s'appuie sur la croyance que les apparitions surnaturelles sont produites par des forces de l'au-delà.

Ce phénomène existe depuis toujours. Les mystiques et les saints des différentes religions avaient des visions célestes, voyaient les esprits, et avaient des contacts avec les morts. Friederike Hauffe (1801-1829) a été l'une des pionnières parmi les spirites modernes ; elle présentait tous les phénomènes caractéristiques des médiums : le déplacement d'objets sans cause assignable, des apparitions, des sons d'une origine inconnue, des bruits de chocs, etc. Le médecin Justinus Kerner (1786-1862) a observé ces phénomènes et a écrit sur elle le livre intitulé *Die Seherin von Prevorst* (*« La Voyante de Prevorst »*).

L'acte de naissance du spiritisme moderne a été le cas très remarquable de la famille Fox, installée à Hydesville, près de New York. Pendant trois mois, en 1848, John Fox, sa femme et leurs deux enfants, Margaretta et Kate, ont été tenus éveillés toutes les nuits par des bruits de cliquetis inexplicables. Il est intéressant de constater que l'esprit frappeur affirmait (il se faisait comprendre au moyen de lettres de l'alphabet) être l'esprit du colporteur Charles Ray, assassiné dans la maison et enterré dans la cave. Le squelette fut effectivement trouvé à l'endroit indiqué.

La nouvelle de la « maison hantée de Hydesville » s'est répandue, et des foules de curieux ont pris d'assaut la propriété de la famille Fox. Les deux filles ont ensuite affirmé être des médiums entre le monde de l'au-delà et la réalité quotidienne, ce qui a déclenché un intérêt mondial pour les activités médiumniques.

Beaucoup de gens ont alors commencé à tenir des séances chez eux, c'est-à-dire des réunions de plusieurs personnes avec pour objectif d'entrer collectivement en contact avec des défunts. De nombreux groupes se sont réunis en communautés, qui se sont attelées à poursuivre les recherches. Au cours des décennies suivantes, le spiritisme est presque devenu un système religieux. Dès les années 1870, de nombreuses communautés se nommaient « églises ». Le spiritisme s'est répandu notamment en Angleterre, où s'est formée en 1902 l'alliance au niveau national, Spiritualists' National Union, qui est encore à l'heure actuelle la plus importante des organisations de ce type. De nos jours encore, les personnes douées de facultés médiumniques y sont formées très jeunes.

Depuis ses débuts, le mouvement spiritiste a sans cesse été décrié à cause de médiums sans scrupules. Pourtant, les spirites ont posé les bases de la doctrine : l'homme est constitué d'un corps mortel et d'un esprit immortel. Lors du décès, l'esprit délaisse le corps et entre dans un monde spirituel.

Il y a en tout sept niveaux du monde de l'au-delà, dont l'existence terrestre représente le niveau le plus bas. Les hommes qui ont eu sur terre une action négative se trouvent après leur mort dans un monde intermédiaire, dans des limbes en quelque sorte. Ils ne peuvent ni ne veulent quitter la terre à cause de l'insuffisance de leur développement spirituel. Certaines sociétés spiritistes se sont constituées en cercles voués à sauver ces âmes. Le troisième niveau est le pays de l'été, qui ressemble assez à la terre, mais ne comporte ni souffrance ni peine. À partir de cette sphère, l'âme peut continuer son développement pour atteindre des régions supérieures.

On trouve également des sociétés aux statuts analogues en Amérique, où a été fondée la National Spiritualist Association of Churches, qui s'occupe principalement de démontrer la réalité de la vie après la mort. Leurs statuts énoncent :

« Nous croyons en une intelligence infinie. – Nous croyons que les phénomènes naturels, qu'ils soient physiques ou spirituels, sont l'expression de l'intelligence infinie. – Nous affirmons que la compréhension correcte de cette expression et la vie en accord avec cette compréhension constituent la véritable religion. – Nous affirmons que l'existence et l'identité des individus se maintiennent après le tournant de la mort. – Nous affirmons que la communication avec ce que l'on appelle les morts est un fait, qui a pu être scientifiquement prouvé par les phénomènes du spiritisme[1]. »

1. Innes (Brian), *op. cit.*

Dans quelle mesure ce qui est affirmé dans ces statuts a été confirmé, nous allons le vérifier dans la suite.

La recherche critique de la Society for Psychical Research (SPR)

La Society for Psychical Research (« Société de recherche psychique ») a été fondée à Londres en 1882, avec pour objectif de vérifier de manière critique et d'étudier avec une rigueur scientifique tous les phénomènes médiumniques, tels que les bruits de cliquetis, les contacts avec les morts, la voyance, jusqu'aux cas très controversés de matérialisation. La matérialisation est un processus par lequel un corps non matériel devient matériellement visible.

Parmi ses fondateurs se trouvait un groupe d'universitaires renommés, au nombre desquels Henry Sidgwick (1838-1900), professeur de philosophie morale à Cambridge, ainsi que les deux physiciens Sir William Barrett (1844-1925) et Sir Oliver Lodge (1851-1940). Pour qu'un cas soit pris au sérieux par la SPR, il devait présenter les principaux traits suivants : Il doit y avoir un témoignage oral ou écrit de l'événement, qui soit étayé par un état de choses prouvable ou par des témoins dignes de confiance. Le cas doit être consigné, aussi rapidement que possible après qu'il a eu lieu, jusque dans les moindres détails, même si ceux-ci peuvent sembler insignifiants. La personne chargée d'enquêter sur le cas doit en avoir les capacités et ne doit pas être troublée dans son travail.

Les chercheurs ont expérimenté et collecté des cas précis, qui pourraient être défendus devant n'importe quel tribunal. La première grande enquête critique de la Société, *Phantasms of the Living (Fantasme des vivants)*, est parue en 1886, publiée par Edmund Gurney, Frederic Myers et Frank Podmore. Dans un grand nombre des cas traités, il est question de télépathie chez des personnes vivantes, mais l'ouvrage contient également treize phénomènes d'apparitions de morts à l'instant du décès ou juste après, tous ayant fait l'objet d'une enquête de première main et abondamment documentée. Ce phénomène a ensuite été rapporté sous le nom d'apparition de crise et a été confirmé par des millions de cas dans les grandes guerres de l'Histoire.

Russell était âgé de dix-neuf ans en 1855, tandis que son frère Oliver servait pendant la guerre de Crimée. Dans la nuit du 8 au 9 septembre s'est produit l'événement suivant :

« Je m'éveillai soudain et vis à côté de mon lit la silhouette de mon frère, agenouillée, tournée vers la fenêtre et environnée d'une sorte de brouillard phosphorescent. Je n'avais pas pensé à lui ni rêvé de lui, et j'avais complètement oublié ce que je lui avais écrit. Je pensai que mon imagination me jouait un tour ; pourtant, lorsque je regardai de nouveau, il était toujours là. L'apparition se retourna lentement et me regarda d'un air soucieux et aimant, et c'est là que je vis la blessure à son flanc droit, dont coulait du sang rouge[1]. »

---

1. *Ibid.*

Des récits de ce type ont surtout été attestés pendant les deux guerres mondiales. À l'instant de la mort, des millions de soldats tombés sur le champ de bataille se sont manifestés auprès de leurs proches par des bruits de chocs, des apparitions, des rêves ou des déplacements d'objets. Ce phénomène est encore fréquemment vécu de nos jours.

Diverses théories sont avancées pour expliquer ces phénomènes. Les membres de la SPR étaient des scientifiques renommés de leur époque ; ils ont commencé par décrire les apparitions de crise comme des hallucinations, ce qui était un choix de termes malheureux, car les hallucinations désignent d'ordinaire des illusions des sens et des simulacres, qui sont imputables à une conscience dérangée. On a ensuite supposé que les apparitions étaient le résultat d'un contact télépathique entre le mourant et le destinataire de l'annonce. Pour d'autres, les contacts *post mortem* sont un argument montrant que la personnalité de l'homme se maintient intacte après son décès.

Les correspondances croisées

Les expériences connues sous le nom de correspondances croisées figurent encore à l'heure actuelle parmi les plus intéressantes de toutes celles réalisées par la SPR. Certains membres se sont accordés pour envoyer, après leur mort, des messages à leurs amis vivants. Frederic Myers, professeur de philologie classique à Cambridge, a vécu de 1841 à 1901. Il faisait partie des principaux membres de la SPR. Dans les dernières années avant sa mort, il a consacré son temps à l'exploration de la vie après la mort et ses découvertes l'ont fait passer du scepticisme à la croyance.

Peu après sa mort, une douzaine de médiums en Angleterre, en Inde et aux États-Unis, ont reçu des messages signés par Frederic Myers. Ses messages étaient très difficiles à comprendre et, pris isolément, ils semblaient dépourvus de sens : ils contenaient des allusions en grec et en latin, typiques de l'érudit qu'était Myers, qu'il fallait décrypter. La seule chose qui était transmise de manière claire et compréhensible aux différents médiums était l'injonction d'envoyer les textes à la SPR. Là, les messages ont été rassemblés, comme les pièces d'un puzzle.

Les correspondances croisées de Myers se sont étendues sur une période de trente ans, pour apporter la preuve que la personnalité de l'homme survit à la mort. Dans les deux dernières années où des messages ont été transmis (1930 à 1932), Myers a décrit des particularités de l'au-delà. La plus grande partie de ces rapports a été reçue par Geraldine Cummins, qui vivait à Cork, en Irlande, par écriture automatique. Dans ce phénomène, on suppose que sa main est guidée par celle d'un mort et transmet les messages de cette manière. Jamais auparavant dans l'Histoire, des informations aussi complètes n'ont été transmises sur l'au-delà. Le matériel n'a toutefois été publié que par extraits dans quelques livres. La source la plus connue est le médium américain Arthur Ford, avec son livre : *Récit de la vie après la mort.* D'après les affirmations de Myers, il y a sept stades principaux de développement psychique dans l'au-delà[1].

La première étape est le moment où l'âme se libère du corps à l'instant du décès de la personne. L'âme va ensuite dans l'autre monde. La deuxième étape est l'état qui suit immédiatement la mort. Myers désigne cette phase alternativement par le terme d'Hadès ou de « région intermédiaire », ce que nous appellerions l'enfer. C'est le niveau où se trouvent les états de conscience les plus bas possible. L'environnement est sombre et brumeux. Le troisième niveau est appelé « niveau de l'illusion » : il correspond aux conceptions courantes du paradis. Par la force de la pensée, on peut former n'importe quel objet. Viennent ensuite les souhaits propres et leurs satisfactions. Même les désirs sexuels peuvent trouver leur accomplissement. L'accomplissement instantané de chaque vœu s'affadit pourtant au bout d'un moment, ce qui amène à reconnaître le caractère illusoire de cet état de conscience. Certaines âmes font un long séjour à ce niveau, et pourtant toute âme doit se soumettre à la vision rétrospective de sa vie. Au bout d'un moment, l'âme devra décider si elle veut poursuivre son développement vers le niveau supérieur ou retourner sur terre.

Le quatrième niveau est le monde de la forme spiritualisée, désigné par Myers sous le nom de « Région de la couleur ». Tous les désirs tournés vers la terre doivent alors être surmontés, afin de

---

1. Ford (Arthur), *Bericht vom Leben nach dem Tode*, Munich, Scherz, 1973.

faire disparaître toute velléité de retourner à l'existence terrestre. Ici commence le ciel à proprement parler. Nous nous trouvons face à un monde de beauté resplendissante, où l'esprit apprend à se rendre maître de la forme. Après que les derniers restes d'émotions mesquines et d'animosité ont été effacés, l'âme peut, dans le cinquième niveau, explorer les régions cosmiques. L'âme devient de plus en plus subtile. Le sixième niveau, le « Monde de la lumière », est celui des âmes qui ont appris à connaître et à comprendre tous les aspects de la création tout entière. C'est le niveau des saints et des illuminés de toutes les époques. L'opposition entre la matière et la forme est surmontée, et l'âme atteint la plénitude. La dernière étape du développement est la fusion en DIEU. Dans l'être éternel, dépourvu de temps et de forme, nous devenons, comme identité éternelle de l'âme, une partie de Dieu. Ce septième et dernier niveau est le but ultime de toutes les âmes.

La légendaire SPR perdure jusqu'à aujourd'hui et a son siège à Kensington, à Londres. Les parapsychologues et même les sceptiques ont dû admettre que, par le biais des correspondances croisées, c'est une personnalité individuelle unique qui s'est exprimée de manière cohérente. Il n'y a pas en Allemagne de tradition spirite comme en Angleterre. Le mouvement spirite a été rendu quasi insignifiant au début du XXe siècle par la théosophie de Rudolf Steiner. Dans les années 1930, toutes les activités médiumniques ont été strictement interdites par les nazis. En 1950, Hans Bender a fondé l'Institut pour les zones frontières de la psychologie et la psycho-hygiène à Fribourg. Bender a assuré la direction de l'institut jusqu'en 1975. Il passe pour l'unique pionnier allemand dans l'exploration des phénomènes suprasensibles. Aujourd'hui, l'institut propose un service d'information et de conseil pour les personnes ayant vécu des expériences inhabituelles. Ce n'est qu'au cours des dernières années du XXᵉ siècle que des parapsychologues éminents du monde entier ont recommencé à s'occuper de la question de la vie après la mort.

Expériences scientifiques avec des médiums

Le professeur américain de psychiatrie et de neurologie Gary Schwartz a testé, sur une période de plusieurs années (1998-2001), les médiums américains les plus connus dans des conditions de laboratoire. Par ces expériences, il voulait « démontrer » qu'il y a une vie après la mort et que l'on peut établir des contacts avec les défunts.

Pour cela, Schwartz a repris l'un des principaux courants de l'ancienne parapsychologie. Pendant des décennies, on n'avait exploré que les phénomènes qui ne pouvaient pas être expliqués par la science dans son état du moment. La parapsychologie est une science très jeune, apparue il y a seulement un siècle. Elle a dû commencer par prouver, au moyen d'innombrables enquêtes scientifiques, que les perceptions extrasensorielles, la télépathie (la lecture dans les pensées) ou la télékinésie (la capacité d'influer sur la matière par sa seule conscience) existent réellement. Cette branche de la science

180

s'efforce encore aujourd'hui d'acquérir une reconnaissance. Des décennies durant, les recherches parapsychologiques se sont axées pour l'essentiel sur les facultés spirituelles des vivants.

Ce n'est que dans les dernières années que des parapsychologues de premier plan se sont de nouveau attelés de plus en plus à l'exploration de la vie après la mort. Gary Schwartz a fait entrer ses médiums en contact avec les proches décédés de personnes participant aux essais. Pour exclure toute possibilité de tromperie, les médiums ne pouvaient pas voir les participants en question.

De nombreux médiums sont accusés encore aujourd'hui d'obtenir des informations sur leurs clients en faisant attention aux moindres indices dans leur comportement extérieur ou dans leurs paroles, pour ensuite donner des informations aussi générales que possible, qui seraient valables pour tout le monde. Cette pratique est appelée *cold reading* (« lecture à froid »). Une autre supposition en vogue est que les médiums capteraient le subconscient de leurs clients par des perceptions extrasensorielles.

Dans ce que l'on appelle les *afterlife experiments*, les médiums ne connaissaient pas la personne qui participait à la séance et ne savaient pas sur qui elle voulait obtenir des informations. Les médiums étaient assis dans une pièce séparée par un écran et ne connaissaient pas le sexe de la personne participant à l'essai. Les chercheurs qui prenaient part à cette expérience voulaient rassembler des informations concrètes et spécifiques sur les défunts, et vérifier leur contenu de vérité. Les célèbres médiums américains George Anderson, John Edward et James van Praagh, avec bien d'autres, ont ainsi vu leurs facultés vérifiées en conditions de laboratoire. Toutes les séances ont été filmées en vidéo par les collaborateurs et même diffusées ensuite au public sur la chaîne HBO.

Devant la caméra en marche, les différents médiums ont été confrontés à la même personne, ce qui permettait de comparer leurs affirmations. L'un des résultats essentiels de l'étude est que les médiums testés ont apporté des informations concordantes sur des situations concrètes, par exemple le suicide du fils de l'un des participants.

Gary Schwartz a produit une échelle d'évaluation permettant de mesurer combien d'indications concrètes avaient été données par les différents médiums. Un groupe de contrôle était chargé de donner des informations en devinant simplement. Les médiums ont obtenu 83 % de réponses justes, contre 36 % pour le groupe de contrôle.

Pour Gary Schwartz, la question décisive était de savoir si ces résultats pouvaient être expliqués par des contacts avec les personnes décédées. Les médiums ont donné des informations qui ne se sont révélées vraies que rétrospectivement. Ils ont par exemple constaté que l'une des femmes participant à l'essai avait perdu son mari et avait eu des prémonitions de sa mort. Pendant l'expérience, il s'est avéré qu'une communication très active existait entre les médiums et les défunts. Le *cold reading*, la lecture dans les pensées et autres trucages ont été exclus. Gary Schwartz est parvenu à la conclusion qu'un contact effectif avait eu lieu avec l'au-delà, et l'a considéré comme une preuve scientifique de la vie après la mort. Cela a bien sûr ameuté les sceptiques, qui affirmaient que l'expérience avait été réalisée de manière non rigoureuse, ce que Schwartz a pu réfuter point par point. Des parapsychologues, au contraire, lui ont reproché de tenir ses résultats pour des démonstrations de l'existence de l'au-delà. Pourtant, ce type d'expérience avec des médiums constitue une étape importante dans l'exploration de la vie après la mort. À l'heure actuelle, Gary Schwartz poursuit ses expériences.

De nos jours, en Angleterre, des universitaires renommés, tels que le professeur Archie Roy ou Tricia Robertson, travaillent sur une manière scientifique d'aborder les affirmations des médiums comme une branche des recherches en parapsychologie. Ces deux auteurs comptent parmi les pionniers modernes qui veulent démontrer l'existence de la vie après la mort. Archie Roy a publié *A Sense of Something Strange*, et Tricia Robertson, *The Truth Is in Here*.

Robertson relate dans son livre l'histoire du groupe PRISM (Psychical Research Involving Selected Mediums), qui a été fondé dans le but d'explorer avec des méthodes scientifiques les facultés paranormales, comme les phénomènes médiumniques. Par des évaluations statistiques réalisées pendant des années d'expériences portant sur des médiums contemporains, on a constaté que les affirmations des médiums avaient une importance extraordinaire pour ceux qui les recevaient. Elle écrit à propos du plus célèbre médium britannique actuel :

« Gordon Smith a été l'un des médiums qui ont pris part volontairement à la première phase de l'étude. L'analyse statistique de ses résultats a montré pour chaque destinataire un degré élevé de précision. C'est le niveau élevé de son travail qui a poussé la Scottish Society for Psychical Research à lui demander de venir faire une démonstration de ses facultés médiumniques à l'université de Glasgow. Personne n'a été déçu[1]. »

Smith a été testé pendant des années par des étudiants, par des professeurs et par le grand public, au moyen des démonstrations de ses facultés à l'université de Glasgow. Il écrit dans son livre *Spirit Messenger*, consacré à ses expériences à ce sujet, que :

« [...] même le sceptique doit admettre que quelque chose se passe autour de nous, qui est plus grand que ce que nous pouvons nous représenter. Même certains des plus savants représentants de la science ont dû accepter qu'il n'y a pas une explication logique à tout. De reste, on peut admettre que la clé qui un jour ouvrira les portes de l'un des plus grands mystères auxquels l'humanité se voit confrontée n'est pas entre les mains de la science. Il est pourtant possible que les informations commencent à se révéler d'elles-mêmes,

---

1. Smith (Gordon), *Spirit Messenger*, Carlsbad (Californie), Hay House, 2003.

lorsque les hommes instruits sur tous les domaines de l'existence et qui veulent parvenir à ce but y travailleront ensemble[1] ».

Le problème de la conscience, de l'âme et du corps

Pour clore ce chapitre sur les phénomènes médiumniques et la recherche scientifique sur la vie après la mort, il reste à expliquer les concepts d'âme, de conscience et d'esprit, tels que nous devrons les comprendre par la suite.

L'âme est le support de la conscience de soi humaine : elle se libère du corps au moment de la mort et pénètre dans l'autre monde comme étant l'essence de nos pensées, de nos actes et de nos paroles. L'âme est définie comme l'ensemble des processus internes de l'homme. Pour les tenants du matérialisme, il ne s'agit que d'un phénomène découlant des processus cérébraux. Cela vaut également pour la conscience de l'homme, par laquelle il peut percevoir la réalité du monde extérieur et sa réalité propre.

L'âme et l'esprit sont deux aspects de l'homme qui sont souvent confondus dans le langage commun, voire pris comme une unité. La distinction habituelle de nos jours comprend par « esprit » la faculté intellectuelle de l'homme, tandis que le concept d'« âme » désigne ses facultés émotionnelles.

---

1. *Ibid.*

Les représentations spirituelles ou religieuses traditionnelles partent du principe que l'homme apporte par sa naissance une âme qui dispose d'emblée d'une qualité individuelle. L'âme est par conséquent considérée comme l'esprit individualisé, qui doit ici accomplir une tâche particulière, qui consiste à grandir d'un point de vue psychique et spirituel. L'âme est donc le cœur même de l'essence humaine. Les signes de l'existence de l'âme sont les expériences extracorporelles, les EMI, les apparitions de personnes décédées, ou les récits des médiums.

La question scientifique controversée est de savoir si le cerveau produit la conscience ou s'il n'est qu'un support et un transmetteur de la conscience. D'après les recherches actuelles sur le cerveau, qui déterminent la conception du grand public, la pensée et les sensations humaines ne sont qu'un phénomène, corollaire des processus électrochimiques du cerveau. Dans son livre *L'Hypothèse stupéfiante : à la recherche scientifique de l'âme*, le Prix Nobel Francis Crick décrit tous les processus internes à l'homme, tout ce qui constitue sa personnalité, comme la conséquence d'un assemblage de cellules nerveuses et de processus biochimiques. Le libre arbitre comme tous les conflits psychiques et les conceptions éthiques ne seraient que des illusions complexes. Par conséquent, la conscience ne pourrait pas survivre à la mort cérébrale et toute forme de perception extrasensorielle devient inexplicable. Mais cela n'est qu'un système de croyance, qui détermine le paradigme scientifique de notre époque.

Le Prix Nobel John Eccles est d'un avis opposé. Il défend dans son ouvrage *The Self and its Brain* *(« Le Moi et Son Cerveau »)* l'idée que la conscience existe indépendamment du cerveau et est simplement en liaison avec celui-ci. Il fonde cette conception sur des états particuliers élargis et clairvoyants de la conscience lors d'un arrêt de toutes les fonctions de l'organisme.

Le débat complexe sur la question de savoir si la conscience influe sur le cerveau nous occupera sans doute encore pendant bien des années. Comme nous l'avons déjà décrit, de nombreux médecins de renom, comme Pim van Lommel, Sam Parnia, Melvin Morse ou Michael Sabom, sont parvenus, par leurs recherches sur les confins de la mort, à la ferme conviction que la conscience existe indépendamment du corps. Je partage moi aussi cette conviction.

CHAPITRE 4

TÉMOIGNAGES DE DÉFUNTS TRANSMIS PAR DES MÉDIUMS

Pouvons-nous savoir quelque chose de l'autre monde ?

Bien des gens aimeraient savoir à quoi peut bien ressembler l'autre monde. Je pense que l'homme ne peut pas le savoir. Toute personne qui tente de donner une description de l'autre monde et prétend annoncer une vérité à ce propos perd nécessairement sa crédibilité. Même les médiums les plus réputés de notre époque sont très prudents à l'égard des descriptions concrètes de l'au-delà.

Dans la plupart des biographies de personnes douées de facultés médiumniques publiées ces dernières années en Allemagne, le thème central est exclusivement la réalité des contacts avec les âmes de défunts. Celui qui aborde sans préparation ces récits, ou même celui qui a déjà fait une session avec un médium, peut en retirer l'impression que les défunts continuent de vivre avec leurs propres traits de caractère après leur mort terrestre. Ils sont de toute évidence en mesure de se tenir en notre présence et de prendre part à notre vie.

Cela se reflète dans les descriptions de la personnalité d'un défunt et dans de nombreux détails précis tirés de sa vie passée. Les défunts ont manifestement connaissance de nos problèmes, des sentiments et des événements de notre vie actuelle. Les détails communiqués peuvent paraître terriblement banals pour les sceptiques, mais pour les personnes que le défunt a laissées derrière lui ils constituent un signe concret du contact effectif avec une personne décédée bien précise.

Une femme à qui l'on dit que son mari buvait un jus de tomate tous les jours avant le déjeuner saura apprécier cette affirmation à sa juste valeur, tandis qu'une personne extérieure pourra hausser les épaules.

La plupart des gens ne croient même pas qu'il soit possible d'entrer en contact avec l'âme d'un défunt. Par conséquent, à toutes les époques, les médiums n'ont pas été pris au sérieux ou ont été redoutés. Une autre raison est bien sûr le fait qu'une foule de charlatans se pressent sur ce marché. Cela ne doit pas amener les gens à fermer les yeux sur ceux qui ont de véritables pouvoirs médiumniques. D'autres encore en ont peur ou font de ces facultés l'œuvre du diable, car elles ne sont pas conciliables avec leurs propres conceptions religieuses.

La plupart des médiums n'essaient pas de faire autre chose qu'aider les personnes que le défunt a laissées derrière lui à effectuer leur travail de deuil et transmettre la certitude que la vie ne s'arrête pas au moment de la mort. Vicki Monroe est l'une des « messagères des âmes » les plus douées d'Amérique.

Dans son livre *Understanding Spirit, Understanding Yourself* (« *Comprendre l'esprit, se comprendre soi-même* »), elle relate une séance qu'elle a eue avec un sceptique endurci. Ian était un jeune homme anglais et un protestant convaincu. Il ne croyait absolument en rien de ce qui n'était pas tangible. Vicki décrit la présence de sa grand-mère, dont le jeune homme ne voulait pas reconnaître l'apparition dans ses rêves. Même sa petite amie l'avait quittée plusieurs fois parce qu'il ne pouvait croire que ce qu'il voulait voir. Ses grands-parents donnent des détails toujours plus précis :

« Au bout d'une heure, j'ai dit : "Écoutez-moi, vos grands-parents sont là, que vous le croyiez ou non. Ils décrivent votre maison, le match de cricket auquel vous avez participé la semaine dernière, et même votre marque de bière préférée ! Je ne peux pas vous prédire votre futur, je vous l'ai déjà dit. Je ne peux pas vous mentir et vous dire que tout s'annonce rose à l'avenir pour votre relation, votre travail et toute votre vie. Vous avez déjà choisi vous-même votre voie depuis bien longtemps. Je sais que vous allez encore devoir beaucoup travailler sur vous-même."[1] »

Ian n'a pas abandonné son scepticisme, bien qu'il ait été très touché. Ces affirmations doivent suffire à démontrer la communication de détails concrets au cours d'une séance de médiumnisme.

---

1. Monroe (Vicki), *Understanding Spirit, Understanding Yourself (Comprendre l'esprit pour se comprendre soi-même)*, Ofspirit.com, 2003.

Ce qui se produit lors des contacts avec les âmes des défunts, c'est moins la communication d'un savoir portant sur le monde des esprits qu'une aide pratique pour la vie. Les défunts nous disent sans cesse que nous devons savourer la vie ici et maintenant. Pendant la courte durée de notre existence physique, nous avons à apprendre nos leçons de vie et nous n'avons pas à nous préoccuper de l'au-delà.

Tout ce dont nous disposons comme informations sur le monde de l'au-delà, ce ne sont que des aperçus fragmentaires. Pourtant, ceux-ci, dans leur principe, renvoient à une vérité et à une réalité supérieures, parce qu'ils ont été relatés par les hommes du monde entier et de toutes les époques de la même manière. Il y a une concordance des descriptions sur la nature de notre existence spirituelle. Je n'ai nullement la prétention, dans ce qui suit, de savoir tout cela par expérience personnelle, mais j'essaie seulement de présenter ce que l'on peut savoir de l'au-delà.

Après que j'ai, dans le chapitre précédent, retracé en détail l'histoire du médiumnisme, c'est au tour des médiums, ou bien des défunts qui parlent à travers eux, de prendre eux-mêmes la parole. Comme on a pu le déduire des précédentes présentations, il y a un large consensus sur le fait que l'au-delà est constitué d'une suite de sept niveaux de conscience distincts. Ces sphères, dans lesquelles l'âme humaine poursuit son développement après la mort, peuvent être réparties en sous-sections, mais celles-ci ne peuvent pas, d'un point de vue humain, faire l'objet d'une classification précise.

Il faut pour l'essentiel constater que nous ne pouvons presque rien savoir des sphères les plus élevées – ces états de conscience sont inaccessibles aux hommes. Je vais donc, dans ma présentation, me focaliser sur les domaines sur lesquels on peut avoir des informations relativement assurées.

En tant que chercheur sur la mort qui depuis vingt ans s'occupe des phénomènes des EMI et du processus du décès, je sais que la conscience des hommes existe indépendamment du corps et se maintient après la mort. Si l'on prend comme fondement des observations sur l'au-delà la connaissance actuelle sur ce qui se passe lors du décès, on peut en déduire les étapes suivantes :

Il faut tout d'abord citer « l'instant du décès », dans lequel l'âme prend un corps subtil et entre dans l'autre monde. L'existence des âmes liées à la terre montre que certaines d'entre elles ne remarquent pas qu'elles sont mortes. Elles se maintiennent alors soit au niveau de la réalité physique, soit dans une « zone intermédiaire ». La plupart des défunts, après avoir quitté leur corps, passent par une phase d'adaptation aux conditions et à la nature du monde de l'au-delà. C'est la troisième phase, que je qualifierais de « phase d'orientation ». Il peut alors se produire un contact avec les proches et les amis. L'âme découvre la beauté de l'autre monde. Toute douleur et toute peine sont supprimées. Ce niveau de l'illusion reflète les conceptions que l'homme se fait du paradis : chacun peut produire son environnement par ses propres pensées. C'est sur ce niveau de l'expérience après la mort que l'on dispose des informations les plus nombreuses.

Au bout d'un moment, il est demandé à l'âme de faire face à son existence précédente. C'est la phase que j'appelle « phase du souvenir », où certaines personnes reconnaissent la nécessité de poursuivre leur développement spirituel dans l'au-delà. Pour ces derniers commence alors, après la vision rétrospective de la vie, la « phase de l'éveil ».

Tous les niveaux qui suivent sont par essence situés hors des capacités de compréhension de l'entendement humain. De manière générale, on peut dire qu'il s'agit manifestement de diverses sphères de lumière, que l'âme traverse jusqu'à s'unir avec Dieu. Dans la suite, nous allons analyser plus en détail ces différentes phases du développement de l'âme, en nous appuyant sur des récits médiumniques.

Le matériel que les défunts ont transmis au fil des millénaires par l'intermédiaire de l'inconscient de personnes douées de facultés médiumniques est très riche. Pour le lecteur critique, il n'est pas facile de tenir d'emblée pour objectives toutes les diverses sources, qu'elles résultent d'une voix intérieure, d'un état de transe ou de l'écriture automatique. L'origine de chacune des communications de l'au-delà, réelle ou supposée, est très difficile à déterminer. Les affirmations sont souvent très surprenantes et dominées par des conceptions étranges. Elles ne tiennent pas compte des attentes de la personne qui les entend ici et maintenant. Celui qui veut porter un jugement sur ces affirmations doit avant tout être conscient de son inévitable subjectivité. Parmi la masse importante des affirmations et des thèmes de l'au-delà, on ne peut ici que présenter de courts extraits, qui peuvent par ailleurs constituer une incitation à approfondir le sujet.

L'instant de la mort

Le processus du décès a été décrit par des défunts avec une grande précision, à travers d'innombrables médiums. Certaines différences entre les expériences vécues par les divers témoins sont frappantes ; elles s'expliquent par le fait que lors de leur passage dans l'autre dimension, les témoins en ont une connaissance et une conscience très variables. Dans bien des cas, on perçoit une continuité immédiate de l'expérience. Voici à ce propos le récit de la médium Renate Scheller :

« Après un bref instant, fugace, comparable à l'impression que l'on a quand on revient à soi après s'être évanoui, j'ai entièrement repris conscience, mais c'était un état de conscience subtilement modifié, une perception légèrement altérée des choses. Comme une personne myope ne perçoit pas son environnement de la même manière selon qu'elle porte ou non ses lunettes, de même ma vision était modifiée. Je me suis retrouvée dans un monde d'amour immense. C'était une situation extraordinaire[1]. »

---

1. Scheller (Renate), *Tote sind oft sehr lebendig. Jenseits-Kontakt-Berichte (Les morts sont souvent bien vivants. Récits de contacts avec l'au-delà)*, Francfort/Main, R. G. Fischer Verlag, 2001.

Il n'en va pas de même en cas de mort soudaine, où le passage dans l'autre monde n'est pas perçu d'emblée. Dans l'exemple qui suit, l'homme est mort d'une crise cardiaque brutale. Il est d'abord désorienté au moment où il se rend compte qu'il est hors de son corps et voit son corps allongé sous lui. Lorsqu'il revient à lui, il se trouve dans la lumière ; il est accueilli par ses amis et ses proches qui l'ont précédé. Dans son livre intitulé *D'où me viennent ces pouvoirs ?*, le médium Matthew Manning décrit le passage de son grand-père :

« La dernière chose dont je me souvienne, c'est une forte sensation de vertige. Puis arrive un moment, je ne sais pas quand, à partir duquel je ne me souviens de rien. Ensuite, j'ai eu l'impression d'être *au-dessus* du sol. Je voyais un corps étendu au sol, et un homme en costume noir qui se penchait sur lui. Alors j'ai su que ça devait être mon corps. Je crois que je flottais au-dessus de lui et que j'observais ce corps gisant inanimé au sol. Puis vient encore une période dont je ne me souviens pas. En relevant la tête, j'ai vu une lumière blanche, éclatante, que je connaissais, mais que j'avais oubliée depuis longtemps. Mon nouveau corps s'élevait en douceur. J'étais entièrement détendu et je m'élevais sans cesse. On ne voyait plus le sol. Après un court voyage, je me suis arrêté, en paix, en présence d'amis et de vieilles connaissances[1]. »

De manière générale, personne ne meurt seul. Quelles que soient les circonstances dans les-

---

1. Manning Matthew, *D'où me viennent ces pouvoirs ?*, Paris, Albin Michel, 1975.

quelles une personne meurt, que ce soit seule dans le désert, par accident, à cause d'une catastrophe, ou suite à une longue agonie, des âmes aimantes sont toujours là pour l'accueillir et l'assister lors du passage. Cela peut s'observer avant tout lors des visions qu'ont les mourants sur leur lit de mort, comme je l'ai déjà décrit plus haut. Au moment de la mort, nous sommes emportés vers la lumière.

Marion Ayers a travaillé pendant de nombreuses années dans un cercle de recherches médiumniques. Après sa mort, elle a donné des nouvelles à son groupe et a relaté son passage :

« Je me suis simplement allongée pour mourir. J'avais de fortes douleurs, et pourtant, j'ai fermé les yeux avec cette seule pensée : "Je vais vers Dieu !" Puis j'ai vu une porte, je me suis dirigée vers elle et je l'ai ouverte. La meilleure manière d'être prêt est d'accepter qu'il y a bien une vie après la mort. Lorsque le corps spirituel, après avoir quitté le cadavre, arrive de l'autre côté, le ruban d'argent se déchire. Bien que nous soyons éveillés et que nous remarquions tout ce qui se passe autour de nous, nous nous percevons pendant un temps comme inactifs. La grande différence est l'absence du temps terrestre. On est dans l'éternité, et cela apaise l'âme. C'est comme si l'on devait réapprendre à marcher. C'est simplement la nouvelle manière de se servir de son esprit et de son nouveau corps dans cet autre état de conscience. On se déplace en flottant[1]. »

1. Hill (Gary Leon), *People who don't know they're dead, (Ceux qui ne savent pas qu'ils sont morts)*, Boston, Weiser Books, 2005.

Dans leurs nombreuses déclarations, les défunts témoignent qu'on est venu les chercher lors de leur passage. Dans le récit suivant, une femme parle par la voix intérieure de son mari :

« À cet instant, la grande lumière et l'atmosphère d'amour dans lesquelles j'étais baignée ont un peu diminué d'intensité. Tout à coup, j'ai vu ma mère et la tienne. Elles étaient là, souriantes et heureuses. Leur amour pour moi s'est exprimé en pensées que je saisissais pleinement, qui se traduisaient en une sorte de langue interne qu'il est difficile d'expliquer[1]. »

Le monde intermédiaire des âmes perdues

Il y a des âmes qui n'étaient pas préparées à leur passage et qui passent un temps assez long dans le monde intermédiaire. Ces âmes n'ont pas compris qu'elles étaient mortes ou, pour diverses raisons, elles ne se sentent pas attirées par la lumière. C'est la sphère de l'état de conscience le plus bas possible. Le monde intermédiaire est un domaine obscur entre ce monde-ci et l'autre monde. Dans la mythologie, ce lieu est appelé Enfer(s), Hadès ou Monde souterrain. Il est décrit comme le monde nébuleux des ombres ou comme un monde de vide. Lorsqu'un mort est chargé d'émotions négatives, et que la colère, la haine, la jalousie ou le désir de vengeance étaient ses ressorts pendant sa vie terrestre,

---

1. Scheller (Renate), *op. cit.*

il ne se sent pas attiré par la lumière. Il faut insister sur le fait qu'il ne s'agit pas d'un lieu de punition ou de damnation éternelle.

La productrice française Anne Ray-Wendling décrit dans son livre *Un soleil trop tard. Au-delà de la mort* ce monde intermédiaire, d'où son père lui envoie des messages :

« Juste après la mort, certaines âmes qui n'ont eu aucune préparation à ce passage souffrent et vivent un moment plus ou moins long où elles évoluent dans le bas-astral. Tout d'abord, ces âmes ne comprennent pas. Puis vient le temps de la conscience : "Je suis perdue", se disent-elles, dans le sens de "Que fais-je là ?". La sensation de froid et de solitude… puis… doucement, la prise de conscience qu'il existe autre chose, ailleurs. Alors, il faut qu'elles sachent, qu'on leur dise qu'elles aillent vers la lumière et les chants. Elles entrevoient encore la terre qui s'éloigne, mais le Divin est encore loin. Pourtant, maintenant, ces âmes savent… Tout est à portée de leurs mains[1]. »

James van Praagh, l'un des plus célèbres médiums américains contemporains, précise les raisons pour lesquelles les âmes se retrouvent là. Dans son livre *Dialogues avec l'au-delà*, il explique :

« Ce niveau inférieur n'est pas un lieu de beauté et de bonté : au contraire, c'est un environnement qui a été créé par les pensées, les paroles et les actes de ceux

---

1. Ray-Wendling (Anne), *Un soleil trop tard. Au-delà de la mort*, Monaco, éditions du Rocher, 1997.

qui durant leur vie ont répandu la peine et la douleur. Il n'y a pas d'exceptions. Chacun d'entre nous récoltera ce qu'il a semé. Celui qui a semé sur la terre l'injustice, la cruauté, et la haine, se retrouvera ici plus tard[1]. »

Ce pays d'obscurité est donc un reflet de l'état de conscience propre de chaque âme. Les dogmes et les positions qui ont marqué le défunt durant sa vie terrestre se maintiennent dans l'au-delà. Aucune âme ne devient automatiquement une personne différente par la mort. Elle n'est pas libérée des choses inaccomplies de sa vie. Au moment de franchir le seuil de l'autre dimension de l'être, l'âme se voit transportée au niveau qui correspond à son stade de développement : le semblable attire le semblable. Et pourtant, le lecteur ne doit pas oublier que chaque être humain est aimé sans conditions par Dieu et qu'aucune âme ne peut jamais être définitivement damnée. Par conséquent, personne ne restera à jamais dans ces régions intermédiaires. Même une âme ayant une forte empreinte négative, dès qu'elle donnera le moindre signe d'éveil à la compassion, finira par aller dans la lumière. James van Praagh écrit à ce propos :

« Une âme reste dans ce trou obscur tant qu'elle n'a pas surmonté ses désirs les plus bas. Ce n'est que lorsqu'elle s'éveille à la dimension spirituelle qu'elle pourra atteindre les niveaux supérieurs du monde

_____

1. Van Praagh (James), *Dialogues avec l'au-delà*, Paris, J'ai lu, 2004.

astral. Si une étincelle d'autocritique, si petite soit-elle, s'allume dans une âme aussi pervertie, alors apparaît immédiatement un guide spirituel pour l'assister. Personne n'est jamais vraiment perdu, car toute âme est traversée par la force divine[1]. »

Plus une personne se voue pendant sa vie exclusivement aux désirs extérieurs et matériels, plus elle se ferme à ses forces spirituelles supérieures. À sa mort, une telle âme ne peut pas reconnaître la lumière dans toute son importance. À côté des âmes en peine du monde intermédiaire, de très nombreuses âmes ignorantes et errantes continuent de tourner leur attention vers la terre, qui est la seule réalité qu'elles puissent reconnaître. Elles restent volontairement à proximité de la terre ou se tiennent dans les lieux auxquels elles sont habituées. Ces âmes enchaînées à la terre *(voir à ce sujet le chapitre 2)* s'expriment à travers des phénomènes de fantômes et d'esprits frappeurs, et sont responsables des cas de possessions de personnes.

Le psychiatre américain Carl Wickland a exploré le phénomène des âmes perdues dès le début du XXᵉ siècle. Son livre de comptes rendus, intitulé *Trente ans parmi les morts,* est depuis longtemps un ouvrage de référence dans le domaine, étudié encore aujourd'hui par les thérapeutes qui se risquent à aborder la question. La femme du psychiatre a été pendant trente ans le porte-parole des âmes en peine, qui racontaient leurs problèmes pendant les séances. Au cours de ses nombreuses

---

1. *Ibid.*

années d'exercice, le couple a parlé avec des milliers de ces êtres. L'exploration systématique de ce monde intermédiaire a permis de prouver que les âmes liées à la terre étaient celles de personnes n'arrivant pas à faire face aux circonstances de leur vie ou de gens qui ne croyaient pas à la vie après la mort.

De nombreux événements mystérieux et inexplicables sont en fait dus à l'influence de ces entités sans corps. Des millions d'esprits sans corps qui n'ont pas trouvé leur chemin vers la lumière environnent les hommes d'influences de la pensée. Si nous reconnaissions comme réel ce phénomène de possession, nous pourrions expliquer de nombreux déraillements de la vie psychique de l'homme : pensées non souhaitées, agitation sans fondement, prémonitions, excitabilité, irritabilité, sautes d'humeur, brusques éclats de passion, jusqu'aux folies et aux psychoses.

Dans l'extrait suivant tiré du riche matériel accumulé par Cari Wickland, le défunt ne croyait pas à une vie après la mort :

« Je suis passé dans la vie de l'au-delà avec l'idée qu'il n'y avait rien après la mort. Je suis mort très brutalement ; lorsque la mort est survenue, ça a été exactement comme si je m'endormais. Puis je me suis réveillé et j'ai vu ma chère petite femme pleurer ; elle était très triste, mais, moi-même, je ne comprenais pas que j'avais franchi le pas vers l'autre côté[1]. »

---

1. Wickland (Cari), *Trente ans parmi les morts*, Chambéry, Exergue, 2000.

L'âme ne sait pas qu'elle est morte, et finit par tourmenter sa femme :

« J'ai été attiré ici par son deuil et j'ai pensé qu'il fallait malgré tout qu'elle vienne à moi. Je n'avais pas du tout saisi le changement qui s'était produit en moi ; je savais seulement qu'elle voulait être là où j'étais, et je tenais par-dessus tout à ce qu'elle vienne me rejoindre. Avant que je me rende compte de quoi que ce soit, j'étais dans son aura magnétique et j'y restai. J'étais malheureux et elle aussi[1]. »

Après sa libération par le couple Wickland, le défunt décrit lui-même quelques semaines plus tard au cours d'une séance comment il a vécu la possession de sa femme :

« La mort n'est en fait qu'un sommeil, un sommeil aussi naturel que celui que nous avons chaque nuit. Lorsqu'on se réveille du sommeil de mort, on a l'impression d'être encore parmi les siens. Et lorsqu'on se trouve pris dans l'aura magnétique d'une personne, alors on vit avec cette personne, on est entièrement chez elle. J'étais dans l'aura de ma femme et je ne pouvais pas comprendre pourquoi je devais l'accompagner partout où elle allait et pourquoi je n'étais plus une personne indépendante, comme d'habitude ; ça m'était extrêmement désagréable. Je pensais que c'était à ma femme de venir à moi ; je ne savais certes pas où, mais je voulais l'avoir avec moi. Mon amour pour elle était si fort que je la tourmentais

---

1. *Ibid.*

malgré moi, juste parce que je n'avais pas la moindre idée de la vie réelle de l'autre côté[1]. »

Les personnes dans l'au-delà insistent toutes dans leurs diverses déclarations sur l'importance de se faire, de son vivant, une opinion sur la mort et d'avoir une information aussi complète que possible sur l'au-delà. De nombreuses âmes restent bloquées au cours du passage uniquement parce qu'elles entrent dans l'autre monde en étant totalement ignorantes. Cela entraîne une peur et une perte de repères, et peut empêcher l'âme d'accepter de l'aide.

Les relations non éclaircies de toutes sortes sont un autre facteur important qui provoque le blocage dans le monde intermédiaire. De nombreux vivants redoutent que leur amour ne soit retenu dans une obscure région lorsqu'ils n'ont pas pleinement vécu leur vie. Cette peur est particulièrement forte en cas de suicide.

Gordon Smith est à l'heure actuelle le médium le plus célèbre d'Angleterre. Dans son livre *Through my eyes*, il relate une séance unique qu'il a eue avec une femme dont le fils s'était suicidé parce qu'il était atteint du sida :

« Puis Mike s'est mis à communiquer lui-même. Il a expliqué à sa mère qu'il était désormais libéré de toutes ses peines, et lui a demandé de laisser partir sa peine. Il savait qu'elle imaginait son fils dans une sorte de purgatoire, parce qu'il s'était suicidé. Cela la

---

1. *Ibid.*

tourmentait à tel point qu'elle a consulté un médium, bien que ce soit en contradiction avec ses convictions religieuses. En réalité, le seul enfer véritable dans ce cas était celui où se trouvait la mère de Mike du fait de ses convictions religieuses. Ce n'est que lorsqu'elle a pu se libérer de cet enfermement où elle s'était elle-même placée que la charge qui l'oppressait est tombée. Elle se sentait désormais assez libre pour communiquer avec son fils dans le monde des esprits, où il semblait heureux et satisfait[1]. »

À travers les témoignages de très nombreux médiums, il apparaît très clairement que les gens qui se sont suicidés sont accueillis dans l'autre monde avec un amour extrême. Ils ont besoin d'une attention et d'un accompagnement tout particuliers. On aide ces défunts à travailler sur leurs idées noires et sur leurs souffrances psychiques. Bien sûr, la situation diffère d'un cas à l'autre. Celui qui se suicide en pensant s'enfuir dans le néant aura un problème au moment de revenir à lui de l'autre côté. Claudia Zeier Kopp, une médium suisse, décrit dans son livre deux courts exemples illustrant ces différences :

« Dans le cas du fils de Lukas M., c'est une tout autre atmosphère qui s'est imposée – il venait juste d'avoir vingt-deux ans et emportait avec lui de nombreux problèmes psychiques. Pourtant, il montra qu'il avait été accueilli avec bonté et amour. Il ne dit

_____

1. Smith (Gordon), *Through my eyes* (*À travers moi*, Varennes, AdA, 2007), Londres, Hayhouse Inc. 2005.

pas s'il regrettait son suicide. Peut-être ne savait-il pas lui-même ce qu'il éprouvait à ce propos. Bien sûr, on a aussi des contacts avec des défunts qui aimeraient pouvoir revenir sur leur suicide ; pourtant, après un certain temps, ils s'habituent à leur nouvelle situation, ils en tirent des leçons et poursuivent leur développement[1]. »

En fonction des circonstances du suicide, le ressenti après la mort peut être tout à fait différent. Dans le cas suivant, on ne trouve aucun sentiment d'accablement ou de deuil, mais seulement une délivrance :

« La mère de Myrta M. était gravement malade. Elle avait un cancer qui lui causait des souffrances physiques et des douleurs psychiques telles qu'elle ne pouvait plus les supporter. Elle est partie en entrant dans l'eau. Lorsque je suis entrée en contact avec elle, elle s'est présentée délivrée, radieuse de bonheur. Elle ne regrettait pas son geste, elle était enfin de nouveau réunie avec son mari[2]. »

Nous ne mourons jamais : toute âme poursuivra tôt ou tard son développement après la mort terrestre. Nous, que les morts ont laissés derrière eux, nous pouvons aider à ce développement en nous débarrassant de la douleur et de la peur, et en tra-

1. Zeier Kopp (Claudia), *Die andere Verbindung. Erfahrungen eines Mediums (L'autre connexion. Expériences d'un médium)*, Oberhofen am Thunersee, Suisse, Zytglogge Verlag, 2004.
2. *Ibid.*

vaillant au pardon avec les morts. Les comptes rendus des médiums recèlent d'innombrables témoignages montrant l'importance d'accepter le défunt tel qu'il a été, avec tous ses défauts. Ce n'est que lorsque nous pouvons pardonner réellement qu'il est possible de laisser partir un mort. Par la colère, la haine et la fureur, on ne parvient qu'à se nuire à soi-même et se créer son propre enfer sur terre. L'un des témoignages les plus poignants sur la force du pardon se trouve chez Anne Ray-Wendling. Elle ressent de plus en plus nettement la présence de Jérôme, son mari décédé. Elle se défend contre ce contact, parce que son mari, étant alcoolique, l'avait profondément blessée et humiliée. Comme il ne cède pas, elle va consulter un médium. Jérôme lui parle, il implore son pardon :

« Sans votre pardon, les âmes restent dans un lieu de grise solitude. Sans la Lumière. Pardonne-moi à ton tour, je te le demande, sinon je ne pourrai sortir d'ici. Seul ton amour ou en tout cas ton pardon peuvent me faire remonter vers la Lumière. Merci ! Oh, oui ! merci de me libérer[1] ! »

Chacun peut aider une âme à trouver son chemin vers la lumière : par la prière et le pardon. Si nous n'arrivons pas à dénouer nos propres entraves, nous permettons au passé de déterminer notre vie. Mais nous pouvons aussi retenir un mort sur son chemin vers la lumière. Dans une séance ultérieure, Jérôme rapporte comment, avec l'aide des membres de sa

---

1. Ray-Wendling (Anne), *op. cit.*

famille sur terre et de leurs prières, il a trouvé le chemin vers une sphère supérieure :

« J'ai vu et compris qu'il me faudrait revenir, car j'avais mal donné. Alors, il m'a porté dans un lieu où je devais passer pour comprendre et comprendre, mais il ne pouvait pas m'épargner cette épreuve ! Cela a duré… duré… puis ton immense pardon, quand tu as compris, m'a aidé à sortir de ce marasme, et c'est dans la joie et l'allégresse que des bras lumineux sont alors venus m'extraire et me monter vers la Lumière et l'Amour. Alors j'ai vécu comme un élève dans une sphère plus chaude et plus lumineuse. On m'a instruit et on m'a confié de petits travaux. J'étais heureux, tu priais pour moi, les enfants aussi[1]. »

Le monde intermédiaire n'est pas un enfer dans lequel les morts devraient expier leurs péchés. Personne n'y est puni ni tourmenté – chacun y est confronté avec l'état réel de sa propre conscience. Le monde intermédiaire est un lieu de transition librement choisi par les âmes, jusqu'à ce qu'elles parviennent à une plus grande connaissance de leur état et puissent poursuivre leur cheminement.

Le niveau d'orientation

Après leur mort, la plupart des âmes arrivent directement au niveau d'orientation. Ce niveau est appelé par certains auteurs le « niveau des illu-

---

1. *Ibid.*

sions » ou le « pays de l'été ». Le monde que l'esprit trouve devant lui est une projection directe de ses conditions de vie sur terre. Étant donné qu'après la mort l'espace et le temps sont abolis et que les pensées se réalisent immédiatement, tout souhait s'accomplit sur-le-champ. Cette phase de l'être après la mort est donc appelée « niveau des souhaits ».

L'au-delà est un monde de pensées. L'âme reconnaît d'emblée ce que produit sa pensée. Pendant la vie terrestre, l'homme doit penser à ce qu'il veut faire, puis son corps doit entrer en action pour réaliser cette pensée. Lorsque je veux aller à un concert, je dois d'abord acheter un ticket et ensuite me rendre sur place. Dans l'au-delà, la pensée suffit : elle se réalise dans l'instant. L'esprit et la pensée ne font qu'un et agissent ensemble. La vie là-bas est constituée uniquement de nos pensées.

La voyante américaine Mary T. Browne écrit à ce propos :

« Dans l'au-delà, vous pensez simplement à la maison que vous aimeriez avoir, et elle est là. Ma grand-mère Grace a reproduit dans l'au-delà la maison où elle avait habité dans l'Iowa, rien qu'en y pensant. Son vœu de vivre dans cet environnement familier avait suffi pour se réaliser lui-même. La maison est tout à fait réelle, sauf qu'elle n'est pas constituée de matière, mais de formes de pensée. La maison demeure aussi longtemps que le veulent les formes de pensée de ma grand-mère. Il se peut qu'un jour elle ne veuille plus cette maison, alors celle-ci disparaîtra. Les formes de pensée de ma grand-mère diront aux hommes où elle se trouve. Si quelqu'un pense intensément à elle, elle le recevra. Si quelqu'un que ma grand-mère a connu sur terre arrive dans l'au-delà, il lui envoie une pensée très puissante[1]. »

Le monde de l'au-delà est donc constitué de pensée. La conscience s'élargit au point de pouvoir saisir en même temps tous les aspects d'un problème et toutes les règles qui le déterminent. L'âme est, à la lettre, ce qu'elle pense. Cela vaut aussi pour ses sentiments. Jane Sherwood écrit :

« Tu dois comprendre que tes sentiments produisent autour de toi une atmosphère qui influe fortement sur tes relations avec ceux que tu rencontres, et qui peut les altérer. "Le défunt m'expliqua que son corps actuel était une structure légère et réceptive, constitué de telle sorte qu'il exprimait tous ses sentiments par des couleurs et des émanations, si bien que même le plus subtil changement d'humeur ne pouvait rester caché."[2] »

Même le mouvement n'est plus lié au temps. Celui qui se concentre sur un lieu déterminé s'y retrouve sur-le-champ. Certaines âmes doivent d'abord s'habituer à ce phénomène. C'est la force de la pensée qui nous transporte et qui détermine à

---

1. Browne (Mary T.), *Life After Death (La Vie après la mort)*, New York, Random House, 1994.
2. Sherwood (Jane), *Post-Mortem Journal. Communications from T.E. Lawrence (Journal post-mortem. Communications de T.E. Lawrence)*, Londres, Neville Spearman, 1964.

quel endroit arrive l'âme. Le semblable attire le semblable : ainsi les êtres spirituels qui partagent les mêmes convictions et les mêmes systèmes de croyances se regroupent.

Chacun produit son monde selon la nature de sa pensée. Nous avons la libre volonté de décider comment nous élaborons en esprit les situations difficiles de notre vie. Nous n'avons certes pas la possibilité de changer instantanément les conditions de notre existence, mais nous pouvons modifier nos pensées à leur sujet. C'est pourquoi dans toutes les traditions spirituelles, on enseigne comment dominer ses pensées par le silence, le calme, la prière ou la méditation. Celui qui maîtrise ses pensées, si celles-ci sont d'ores et déjà pleines de beauté, cette maîtrise lui sera utile pour la vie après la mort.

Une instruction venue de l'au-delà indique :

« Nous devons nous efforcer sans cesse d'élever nos pensées à un niveau spirituel. Les pensées contraintes produisent un déséquilibre et une dysharmonie. Entraîne ta pensée comme un danseur entraîne son corps : elle doit elle aussi obéir à tes ordres. Pour cela, de la concentration et de la discipline sont nécessaires. Commande à ton entendement de penser à l'amour, pas à la haine, au pardon, pas à la fureur ou à la vengeance. Ainsi cette vie et la prochaine deviendront meilleures[1]. »

En revenant chez elle, l'âme apporte avec elle ses illusions, ses idées et ses désirs dans le monde

---

1. Browne (Mary T.), *op. cit.*

spiriteul ; elle doit s'habituer à sa nouvelle vie. Cet effort dépend de l'état de conscience respectif de chaque âme. C'est la raison pour laquelle les messages en provenance de ce niveau sont si différents : c'est que la faculté de représentation de chaque individu peut produire son propre monde personnel. Dans cette mesure, il peut donc y avoir autant de mondes qu'il y a d'âmes. La différence de perception de ce monde repose sur la différence des niveaux de développement spirituel et psychique atteint par les âmes durant leur vie. La vie après la mort n'est rien d'autre qu'un élargissement continu de la conscience. C'est pour cela que le niveau d'orientation est si crucial pour le développement de l'âme : elle y apprend à s'habituer à son nouvel environnement. Le défunt explore la beauté qui se déploie autour de lui et il est accueilli par ceux qui l'ont précédé.

Anne Ray-Wendling décrit cela de la manière suivante :

« Quand l'âme gagne nos sphères à la fin de votre vie, elle vient de se détacher d'un corps terrestre qui n'est qu'un véhicule terrestre lui aussi. Ce véhicule a servi à l'âme, mais il l'a aussi limitée et "matérialisée". Voici fini son temps. Elle va retourner au Père, consciente ou inconsciente de ce voyage. Là, le passage est parfois surprenant, mais moins s'il est accompli par une âme préparée. Voilà alors que viennent les chants d'amour de ceux qui l'accueillent et qui la reconnaissent et qu'elle reconnaît[1]. »

1. Ray-Wendling (Anne), *op. cit.*

L'âme est accueillie par ceux qu'elle a le plus aimés. Ces retrouvailles sont une expérience à la fois paisible et extatique. Au cours d'une séance de médiumnisme, ma mère m'a raconté qu'elle avait tout d'abord été reçue par mon père, décédé trois mois plus tôt. Puis elle a été saluée par ses parents et d'autres membres de la famille, morts bien avant elle. On a donné une grande fête, car elle avait bien conduit sa vie malgré le poids de ses peines.

Lorsque l'âme passe dans l'autre monde, elle se trouve dans un corps de matière subtile, qui représente une exacte copie de son corps terrestre. Cette nouvelle enveloppe corporelle est décrite, toujours de la même manière, dans d'innombrables témoignages de défunts. Une femme mourant à l'âge de quatre-vingt-onze ans après une longue souffrance qui l'a rongée apparaîtra peut-être sous les traits d'une femme de cinquante ans. Cette apparence rajeunie est décrite de manière identique dans les EMI et les contacts *post mortem*. En revanche, ce corps spirituel présente une différence essentielle avec le corps terrestre : l'âme est exempte de maladie et d'infirmité.

Quelle que soit la manière dont une personne est morte, même si elle a une jambe arrachée par une explosion, ou si son corps a été entièrement mutilé par un accident, dans l'autre monde, l'âme est intacte. Toutes les entraves du corps physique, tous les handicaps sont supprimés – le corps spirituel est entier et en bonne santé. Pourtant, la personnalité, avec ses souvenirs, ses préjugés et ses nostalgies propres, se maintient sans changement. L'âme enregistre tout ce qu'elle a vécu dans le monde physique.

Le monde spirituel est perçu comme réel, exactement comme le monde physique. Le lieu d'arrivée est très important pour l'âme qui y retourne, car l'environnement correspond aux conditions terrestres. C'est pourquoi les défunts disent se trouver dans un environnement familier. Puis ils aperçoivent la beauté de la sphère spirituelle. Dans sa description classique de l'au-delà, intitulée *The Blue Island (« L'Île bleue »)*, Estelle Stead a reçu des messages de son père, W.T. Stead, qui était à son époque un journaliste célèbre et qui est mort lors du naufrage du *Titanic*. Stead décrit de la manière suivante sa première impression sur l'autre monde :

« Tout n'était que beauté et splendeur. Nous voyions déjà la terre de loin. Ceux d'entre nous qui avaient déjà accumulé suffisamment de savoir sur cette terre savaient que nous approchions du lieu où toutes les âmes qui avaient été arrachées à la vie terrestre sans préparation trouveraient leur premier lieu de séjour. Nous sentions que toute l'atmosphère avait sur nous un effet bénéfique. Elle insufflait à tous les nouveaux arrivants une force vivifiante et permettait à chacun de guérir rapidement et de retrouver son équilibre spirituel perdu[1]. »

Cette atmosphère impressionnante et régénératrice de l'autre monde s'exprime aussi dans l'extrait que voici :

---

1. Stead (Estelle), *The Blue Island*, Londres, Hutchinson, 1922.

« Mes yeux étaient baignés de beauté, et je ne pouvais penser à rien d'autre qu'à cette jubilation surnaturelle et resplendissante qui m'entourait. Pendant que j'étais là étendu sur la falaise, je sentais que toutes mes ruminations pénibles se détachaient de moi. Je m'adonnais entièrement à ce ravissement pur que ressent celui dont les sens reçoivent une nourriture abondante. Cette beauté n'était pas de nature terrestre. La lumière était sur toutes choses et en même temps elle émanait d'elles, si bien qu'une vie intense se dégageait de tout ce qui m'entourait. La beauté propre à l'herbe, aux arbres et aux fleurs les éclairait en même temps de l'intérieur, si bien que l'âme, le souffle coupé, restait là obstinément devant ce miracle de plénitude[1]. »

Ces éléments, qui ont été décrits de manière identique à travers les millénaires, témoignent, mis à part la subjectivité de toute expérience, de la réalité objective de l'au-delà. L'autre monde peut tout d'abord nous apparaître comme le monde physique. Pourtant, à mesure que le défunt progresse dans son savoir, il perçoit des différences croissantes. À ce titre, la découverte la plus marquante est le moment où l'âme se rend compte que le monde réagit aux pensées et aux sentiments.

Dans son livre *Living on*, Paul Beard a colligé une anthologie des témoignages des médiums sur

---

1. Sherwood (Jane), *The Country beyond. The doctrine of rebirth (Le pays de l'au-delà. La doctrine de la réincarnation)*, Londres, C.W. Daniel, 2004.

l'au-delà. Dans l'extrait suivant, un défunt évoque l'extension de sa faculté de perception :

« Je vois des choses qui sont de même nature que sur terre, et pourtant, elles sont en quelque sorte différentes. Elles sont réelles, mais on a l'impression qu'elles ne sont que provisoires, qu'elles servent pour l'orientation et l'éveil à l'autre monde. Puis on découvre que l'on peut modifier les choses, en voulant qu'elles se modifient. C'est à la fois étrange et fascinant. On comprend que tout ce qui est autour de soi est constitué de formes de pensée. On comprend que rien ne nous appartient de manière exclusive. Tout sert à la totalité des âmes, et on en est une partie[1]. »

Il est très souvent question, dans les messages médiumniques, d'un lieu de guérison ou de revitalisation, où l'on guérit les âmes qui ont été très endommagées lors de leur vie terrestre par des maladies graves ou qui ont été traumatisées par une mort violente. C'est pourquoi toutes les âmes ne trouvent pas tout de suite le repos, bien que toutes soient accueillies et soignées avec amour. W.T. Stead dit à sa fille :

« J'ai parlé de la couleur bleue éclatante du paysage, et il (le père décédé de W.T. Stead, *N.d.A.*) m'a expliqué que ma perception était tout à fait correcte.

---

1. Beard (Paul), *Living on. A Study on Altering Consciousness After Death (La vie continue. Étude sur les modifications de la conscience après la mort)*, Londres, G. Allen & Unwin, 1980.

La lumière contenait un éclat bleu particulièrement puissant, ce qui en faisait un lieu approprié pour le séjour des personnes ayant besoin de repos, car cette onde lumineuse bleue est un remède très efficace[1]. »

Frances Banks appartenait à un ordre de sœurs ; elle a transmis par télépathie à son amie Helen Greaves un récit de la vie après la mort. Son livre *Testimony of Light* (« *Témoignage de la lumière* ») est aujourd'hui tenu pour l'un des meilleurs messages du monde spirituel qui ait été publié dans ce domaine. Après son passage, Frances décrit un lieu de repos où elle se réveille :

« Je suis à présent dans une sorte de maison de repos. Elle est dirigée par des sœurs de l'ordre auquel j'ai appartenu pendant ma vie. Elles sont si bonnes et si douces avec moi ! Je suis allongée dans un lit, tout en haut sur une terrasse ensoleillée. Quelle belle vue, tellement reposante ! Je guéris ici de la grave maladie qui a détruit mon corps physique. Je suis heureuse, calme et apaisée. À partir d'ici, on transporte les âmes vers d'autres endroits (dont je ne sais pas grand-chose) lorsqu'elles sont prêtes. On prend soin d'elles et on les guide, comme moi ici[2]. »

Dans les témoignages, il est sans cesse question de certains lieux, comme ici une maison de repos,

---

1. Stead (Estelle), *op. cit.*
2. Greaves (Helen), *Testimony of light. An extraordinary message of life after death*, Saffron Walden, Daniel Co Ltd Publication, 1969.

ou d'éléments comme la couleur bleue qui apporte la guérison ; pourtant les récits conservent tous une forte empreinte individuelle, marquée par la personnalité de celui qui les transmet.

Après la Seconde Guerre mondiale, Rudolf Schwarz était l'un des « chercheurs sur l'au-delà » les plus célèbres de tous les pays de langue allemande. Peu après sa mort, il a transmis à un médium le message suivant, dans lequel se reflètent les rapports entre repos et guérison dans l'au-delà, de manière comparable aux témoignages précédents :

> « Je reste encore quelque temps là où je me trouve pour l'instant, à savoir dans une merveilleuse maison de repos, où le nouvel arrivant trouve tout ce dont il a besoin : on bénéficie d'un calme à tous égards, d'une lumière, d'une chaleur que vous ne pouvez pas vous imaginer. On est dans un monde dont le charme dépasse de loin les plus beaux endroits de la terre[1]. »

Dans l'au-delà, tout le monde extérieur est une image en miroir de notre intériorité. L'âme est confrontée à ses propres émotions et ses propres désirs, qui s'accomplissent sur-le-champ dans le monde spirituel. Si une âme est morte en ayant le sentiment d'être chez elle, il en sera ainsi. Une personne très attachée à sa famille continue à prendre

---

1. Högsdal (Bernt), *Wo ist die Oma jetzt ? Eine Familie auf der Suche nach dem Woher und Wohin des Lebens* (*Où est mamy à présent ? Une famille recherche d'où vient et où va la vie*), Meersburg, Union-Verlag, 2003.

soin d'elle. L'âme se trouve dans un état qui reflète ses propres intérêts. James van Praagh décrit à ce propos un exemple en apparence banal et presque incroyable, qui redevient impressionnant si l'on se souvient de cela :

« Dans le cadre d'une émission de télévision, j'ai fait une séance pour une jeune femme en public. Son père s'est manifesté, et je lui ai demandé ce qu'il était en train de faire. Il a dit qu'il était à l'hippodrome, en train de parier, et qu'il adorait ça. Le modérateur m'a jeté un regard irrité et m'a dit : "Allons, je vous prie ! Vous n'allez pas nous faire croire qu'il y a des courses de chevaux au ciel ? !" Alors j'ai répondu : "Mais pour cet homme, c'est ça, le ciel. Il y a tous ses amis !" La jeune femme était enthousiaste : "C'est typiquement Papa ! Il était tous les samedis au champ de courses !"[1] »

L'environnement se constitue en fonction de ce dont l'âme croit avoir besoin. Ces rêves restent par ailleurs dirigés vers la terre tant que les habitudes et les dépendances de la vie antérieure sont maintenues. L'un des rôles essentiels de la phase d'acclimatation et d'orientation est de permettre à l'âme de parvenir à une forme d'existence plus raffinée et plus spirituelle. Ce n'est que lorsque l'esprit parvient à se délivrer de ses désirs subjectifs, liés à son moi terrestre, qu'il peut reconnaître qu'il n'en a plus besoin dans l'autre monde. Ce n'est qu'à ce moment-là que se produit l'éveil

_____
1. Van Praagh (James), *op. cit.*

spirituel de l'âme. C'est la raison qui explique les messages des défunts qui nous paraissent si étranges et semblent refléter les conditions terrestres. En réalité, il s'agit de l'état de conscience individuel du défunt qui transmet ce message : cela ne reflète rien d'autre que la conception que l'âme se fait du ciel.

Pour la plupart des défunts, l'accomplissement immédiat de tous les désirs est le paradis lui-même, jusqu'à ce que s'installe un sentiment d'insatisfaction. L'âme souhaite alors poursuivre son développement spirituel : elle reconnaît les forces créatrices qui sont en elle. L'abandon des habitudes terrestres et des aspects les plus bas des émotions humaines affine l'âme et fait naître le désir de poursuivre son développement. Ici se révèle le sens profond de ce niveau : comprendre que pour avancer dans son développement l'âme doit remplacer la connaissance, les désirs créatifs et les possibilités au niveau terrestre par le progrès spirituel et la croissance interne.

Par nos pensées, nous construisons par conséquent dès à présent notre future place dans le monde des esprits. Helen Greaves écrit :

« Par ses pensées et ses aspirations, l'homme tisse lui-même sa place à venir dans l'infini. C'est une loi logique. Dans la vie terrestre, l'homme peut construire une façade autour de lui, mais ici aucun masque n'est possible ; ici on connaît chacun tel qu'il est, tel qu'il a bâti sa vie intérieure. Pensez seulement à l'importance de la lumière dans l'âme. L'intensité et la puissance avec laquelle la lumière éclaire la vie intérieure sont ici objectivées. L'âme qui s'élève arrive toujours au bon endroit, à l'endroit qu'elle mérite et pour lequel elle est mûre. La parole "placez des trésors au ciel" a ici un sens bien réel[1]. »

Le temps que l'âme passe dans chacune des différentes régions du monde des désirs varie en fonction de sa volonté d'avancement spirituel – certaines âmes peuvent y rester des centaines d'années. Si elle ne progresse pas dans son développement général, les désirs terrestres la ramènent sans cesse vers la terre. Sans la volonté de poursuivre son développement, une âme ne peut pas se déployer dans le monde spirituel. C'est la raison pour laquelle de très nombreuses âmes se réincarnent sans cesse sur la terre.

La phase du souvenir

Tout de suite après la mort, le défunt voit brièvement défiler son existence, sous forme d'images qui remontent à la surface de sa conscience. Il est accueilli par des membres de sa famille et par des amis qui l'ont précédé. L'âme rencontre alors son guide spirituel, qui l'a accompagnée tout au long de sa vie par une voix intérieure ou par l'intuition. Ils ont une courte conversation à propos de la vie qui vient de s'écouler.

Une fois l'âme habituée aux conditions et au contexte de l'au-delà, elle comprend l'importance

---

1. Greaves (Helen), *op. cit.*

de poursuivre son développement spirituel. La condition requise pour cela est la phase du souvenir de la vie passée. Aucun défunt ne peut progresser dans l'au-delà sans avoir auparavant fait un examen rigoureux de sa vie. C'est un processus de longue haleine, dont le but est de déterminer comment l'âme, à travers ses expériences sur la terre, est devenue ce qu'elle est.

Nul n'est contraint de se confronter à sa vie passée tout de suite après son arrivée dans l'au-delà. Les affirmations concordantes des défunts transmises à travers des médiums montrent que certains se donnent beaucoup de temps avant d'accomplir ce devoir, redoutant de faire face aux conséquences de leurs erreurs – c'est que, lors de cette épreuve, il n'est plus possible de fermer les yeux sur ses propres vérités. Frances Banks décrit la vision du défilement de la vie :

« Pendant cette expérience, toute ta vie se déroule devant toi, comme une suite d'images dans une sorte de kaléidoscope. Arrivé à ce point, on se sent complètement abandonné. On doit se juger soi-même, on est devant son propre tribunal. On prend ses propres décisions. On se déclare soi-même coupable. On est le prévenu, le juge et les jurés en même temps. C'est un point où certaines âmes s'arrêtent. Nous essayons alors de les aider, mais uniquement si elles ont formé le souhait de réparer les torts qu'elles ont commis. Je ne sais pas ce qui leur arrive jusqu'à ce moment-là, mais je pense qu'elles restent prisonnières d'elles-mêmes. Lorsqu'elles sont prêtes à se regarder en face, elles

sont tout de suite guidées vers des demeures paisibles et belles[1]. »

Cette maturation, cette prise de conscience de
l'âme est décrite comme un « tribunal » dans les
mythologies populaires. Pourtant, aucune âme
n'est jugée de l'extérieur – chacune se regarde
elle-même en face, sans masque. Le défunt,
confronté à toutes les actions intérieures et extérieures de sa vie, prend conscience des conséquences que toutes ses pensées, paroles et actions
ont eues sur les autres. Plus il lui reste de choses
inachevées, plus ce processus est difficile. Les
témoignages de l'au-delà montrent tout à fait clairement qu'en aucun cas un jugement définitif
n'est rendu pour l'éternité ; au contraire, l'examen
consciencieux de la vie passée est une phase édu-
cative, exigée pour le développement de l'âme.
Celle-ci doit reconnaître sa responsabilité sur sa
vie, afin de pouvoir s'accepter elle-même. Il n'y a
ni damnation ni punition éternelles, il n'y a que
des conséquences de nos pensées.

W.T. Stead décrit ce mécanisme :

« La pensée est un acte qui a une efficacité causale –
peu importe qu'elle soit réalisée ou non – qui entraîne
une compensation dans l'au-delà. Je ne parle pas ici
des milliers de pensées triviales qui traversent sans
cesse notre esprit, mais de ces pensées qui sont en
quelque sorte inhérentes à notre personnalité[2]. »

1. *Ibid.*
2. Stead (Estelle), *op. cit.*

La puissance créatrice de l'homme, dont les pensées sont l'expression, est bien trop souvent méconnue durant la vie terrestre. Ainsi certains dissimulent-ils pendant toute leur vie leur vrai visage, à leurs propres yeux et à ceux des autres – dans l'au-delà, cela n'est plus possible. Tout le cours de la vie est enregistré au plus profond de l'âme. Aucune pensée ne peut donc jamais disparaître. En plus de cette mémoire spirituelle, il existe également une mémoire cosmique (Chronique de l'Akasha) qui enregistre toutes les pensées, tous les actes et toutes les paroles de la totalité des êtres vivants, c'est-à-dire de tout ce qui s'est produit dans le monde. Dans ce processus de vision rétrospective de la vie, l'âme individuelle est liée au savoir universel. Si ce n'était pas le cas, l'âme ne pourrait pas être confrontée aux conséquences de ses actions sur les autres.

Voici à ce propos le témoignage d'un défunt :

« Puis arrive le moment où il voit toute sa vie devant lui, comme quelqu'un qui se voit dans la glace. De manière figurée, il se voit comme l'homme lui-même, et tous ses faits et méfaits défilent avec lenteur et netteté devant lui, tous les actes de sa vie. Cela est nécessaire, sinon certains esprits s'imagineraient à tort qu'on aurait dû les mener vers une sphère plus élevée. Celui qui a commis un méfait ou un péché, sa culpabilité lui est amenée très lentement – et c'est effrayant ! Toutes les mauvaises actions engendrent un rayonnement particulier, une vibration correspondante qui s'impriment dans le "champ spirituel" de la personne – laissant des traces sombres ou lumineuses, en fonction des actions.

Toutes les actions, tous les actes sont présentés à la personne de manière si claire et si ouverte qu'elle ne peut pas penser qu'elle subit une injustice[1]. »

Toutes les âmes passent par ce processus, parfois douloureux, de connaissance de soi. La poursuite du développement ne dépend pas uniquement de la connaissance spirituelle, mais aussi de la reconnaissance de son propre passé. Toutes les scènes, tous les événements de la vie repassent dans l'âme,

> « [...] et ce, avec tout leur contenu d'émotions et d'une manière telle qu'on ne les a jamais vécus auparavant. Au cours de l'existence terrestre, les expériences sont reflétées dans la conscience, et personne ne douterait du fait qu'elles ont toutes été réellement vécues. Pourtant, les impressions laissées par les personnes, les circonstances et les actions qui défilent à ce moment sont, par leur puissance expressive, bien plus réalistes et plus complètes que lorsqu'elles ont effectivement eu lieu. Lors de la représentation de ces scènes de la vie passée, la différence essentielle, c'est que cette fois les réactions des autres sont comprises dans l'expérience elle-même[2] ».

Au cours de ce processus de souvenir, lorsqu'un événement de la vie passée parvient à la surface de la conscience, non seulement tous les sentiments du témoin reprennent vie, mais aussi toutes les

---

1. Högsdal (Bernt), *op. cit.*
2. Sherwood (Jane), *The Country beyond*, Londres, C. W. Daniel Company Ltd, 2004.

réactions de toutes les personnes concernées. Chacun fait ainsi par lui-même l'expérience des conséquences de ses actions sur les autres. Toutes les peines qu'elle a infligées à d'autres, l'âme les vit à présent elle-même. Ces affirmations correspondent précisément à celles des témoins d'EMI.

Jane Sherwood écrit à propos des conséquences de nos actions :

> « La plupart de nos actions sur terre sont accomplies dans l'ignorance complète de leur portée véritable sur la vie des autres. On a bien parfois le sentiment désagréable que notre comportement attriste ou blesse quelqu'un, mais trop souvent nous décidons de l'ignorer. Nous saisissons une situation presque uniquement par l'entendement, nous excluons donc la compassion, qui est le début de la compréhension des sentiments d'autrui. Très souvent, nous ne percevons donc pas les conséquences que nous imposons à nos prochains par notre comportement. Cette étape nous révèle peu à peu ces circonstances dans toute leur extension, et ce, en les incluant comme des éléments de notre propre expérience. Tout doit être vécu une seconde fois, sur un mode nouveau et différent : c'est ainsi que nous sommes confrontés à toute notre existence terrestre[1]. »

Après ce processus de purification, l'âme a pour objectif de se fondre dans la Divinité. La demeure spirituelle où l'âme résidera après la mort sera fonction du degré de développement que le défunt a

---

1. *Ibid.*

atteint sur terre. Tout l'univers, y compris l'au-delà, est une école pour l'esprit éternel. La vision rétrospective de la vie n'est qu'une étape transitoire.

Après cet examen intérieur par lequel elle se libère de ses faiblesses, l'âme arrive au niveau qui lui correspond dans l'au-delà. Si elle parvient à accepter sa vie telle qu'elle a été, avec toutes ses insuffisances et ses défauts, elle peut continuer à se développer et à s'affranchir progressivement de tous les désirs terrestres. Ce qui est frappant dans tous ces témoignages, c'est que l'âme, au cours de cette vision rétrospective, n'est pas confrontée à des vies antérieures. Nous verrons plus tard pourquoi il en est ainsi.

La phase de l'éveil

Après avoir dépassé le niveau d'orientation et découvert son caractère illusoire, l'âme est en résonance avec sa véritable nature spirituelle. Plus grande est la volonté de poursuivre le développement de la conscience, plus la connaissance est élevée. L'humilité et l'amour inconditionné sont les prérequis nécessaires à son développement ; elle doit apprendre à maîtriser ses pensées. Le moindre changement dans son monde émotionnel se répercute immédiatement sur toutes les autres âmes alentour.

Voici comment Paul Beard présente cela :

« Toutes les expériences sont ici vécues jusque dans la moelle de l'âme, et par leur précision et leur réalité qui pénètre tout elles sont bien au-delà de tous les sentiments imaginables sur terre. Mes émotions m'ébranlent encore dangereusement – je dois apprendre à accepter aussi avec calme les influences émotionnelles des autres êtres. Je suis devenu prudent à l'égard de l'impatience et de la colère : leurs manifestations sont trop repoussantes. La moindre altération dans le monde des sentiments produit un changement correspondant dans les phénomènes et dans son propre bien-être[1]. »

La conscience de l'âme s'affine, ce qui lui permet de découvrir sans cesse de nouveaux domaines de la création. Elle devient plus légère et plus subtile. L'objectif réel de cette phase d'éveil est décrit par Arthur Ford dans son livre *Récit de la vie après la mort* de la manière suivante :

« Ici, au quatrième niveau, on doit se défaire de toutes les structures intellectuelles figées, qu'elles soient scientifiques, religieuses ou philosophiques. Myers met en avant ce point de manière si nette qu'il qualifie cette phase de "destruction de l'ancienne conception du monde[2]". »

La conscience devient plus intense ; cette région du monde est d'une beauté indescriptible, resplendissante. Les vivants n'ont pas la faculté de se représenter des sons encore jamais entendus, des couleurs jamais vues, ou des sentiments qui

---

1. Sherwood (Jane), *op. cit.*
2. Ford (Arthur), *op. cit.*

n'appartiennent pas à la gamme de ceux qui sont éprouvés sur terre. Frederic Myers a essayé de transmettre depuis l'au-delà au moins quelques-unes de ces caractéristiques :

« Il y a ici des fleurs dont des êtres terrestres ne peuvent s'imaginer les formes et les couleurs éclatantes. Ces formes et ces éclats, n'étant pas compris dans le spectre terrestre, ne peuvent être exprimés ni par des pensées ni par des mots. Les mots n'ont plus d'importance pour nous. L'âme seule doit tout saisir à ce niveau de la conscience ; elle connaît des soucis, mais pas de nature terrestre ; elle connaît des extases, mais pas des extases terrestres. L'esprit s'exprime directement : nous pouvons percevoir les pensées des autres âmes[1]. »

L'esprit apprend à dominer la forme. Pour pouvoir se délivrer définitivement de son lien avec la vie terrestre, l'âme en développement doit expérimenter toutes les possibilités qu'offrent les formes. Les derniers restes d'émotions négatives sont effacés. La connaissance de l'âme consiste dans la manière dont l'esprit sait diriger toutes les énergies et les forces vives, qui sont la source de tous phénomènes. Toutes les limitations terrestres sont abolies. À cette étape, la conscience de l'âme s'élargit pour atteindre un niveau énergétique inaccessible à l'homme : l'âme devient toujours plus fine ; elle se fabrique un nouveau corps, dont Arthur Ford résume les propriétés :

---

1. *Ibid.*

« Il a des similitudes avec le corps terrestre, mais il est bien plus beau et resplendissant et mieux adapté à sa nouvelle forme de vie. La conscience est continue, elle n'a plus besoin de sommeil[1]. »

À la fin de son développement dans l'indescriptible béatitude des sphères supérieures, l'âme effectue ensuite une nouvelle transformation, désignée dans la littérature médiumnique sous le terme de « seconde mort », une mort qui par ailleurs n'est en aucun cas comparable avec la mort terrestre et la peur qu'elle inspire. Elle se défait du corps idéal qu'elle avait revêtu jusqu'à présent, puis entre dans le monde de la lumière.

Le mystique et voyant Erhard Bäzner décrit avec précision ce passage :

« En quittant son corps idéal et le monde idéal, le corps de pensée devient plus éclatant et plus précis. Ses contours apparaissent plus nettement, les traits de caractère deviennent plus reconnaissables. Les émanations dorées se font plus fortes, et les couleurs, plus claires et plus belles[2]. »

On peut décrire ce processus en disant que le défunt fusionne avec son moi suprême, retournant ainsi à son identité psychique éternelle. L'âme sent qu'elle ne fait qu'un avec la totalité de l'être. Paul Beard décrit ce passage, tel qu'il a été relaté par un défunt au cours d'une séance de médiumnisme :

---

1. *Ibid.*
2. Bäzner (Erhard), *op. cit.*

« L'âme s'évanouit, et lorsqu'elle revient à elle au cinquième niveau, elle s'est défaite de certaines caractéristiques qui lui appartenaient lorsqu'elle était encore son moi personnel. L'âme comprend qu'elle n'était jusqu'alors qu'un reflet de la lumière qui l'entoure à présent. Elle atteint un équilibre, un arrêt de tous les processus de pensée, un profond calme intérieur. Elle cesse de fonctionner. Lentement, la perception revient[1]. »

L'âme se trouve à présent dans le monde de la lumière.

Les niveaux supérieurs

Les sphères supérieures du monde de la lumière sont inaccessibles à l'entendement humain. Les explications qui suivent ne peuvent donc donner que des aperçus fragmentaires. En entrant dans le monde des pensées pures, que de nombreux auteurs appellent le « ciel véritable », l'âme abandonne à jamais la matière et la forme. Tous les aspects inférieurs de la personnalité et les schémas terrestres sont dissous et abandonnés. Ce que l'homme qualifierait de moi terrestre *(ego)* se dissout dans la liaison cosmique universelle avec tous les autres êtres du monde de la lumière. L'âme découvre qu'elle ne peut grandir qu'en compagnie des autres, ce que l'on peut aussi exprimer comme ceci : l'âme est à présent devenue une pure pensée. En passant par les

---

1. Beard (Paul), *op. cit.*

différents niveaux, elle a appris à modifier de manière consciente et à volonté sa structure interne, ce qui correspondait à l'image qu'elle avait d'elle-même. Lorsqu'un défunt a atteint le ciel, cela n'est plus nécessaire.

Voici ce qu'en dit James van Praagh :

« Dans cette atmosphère céleste, il n'y a pas besoin de transmission de pensées ou de sentiments, car les êtres de la lumière supérieure ont une connaissance universelle. Dans le monde des esprits, il n'est pas possible de garder pour soi ses propres pensées ou émotions, comme sur terre. Toute pensée que conçoit un être spirituel donne lieu à la formation d'un signal lumineux caractéristique et visible de tous. Celui qui séjourne à ce niveau de conscience est bien plus que la somme des personnalités qu'il a incarnées par le passé. C'est un être spirituel complet, total, qui a réuni toutes ses expériences terrestres et tous ses traits de caractère en une unité avec Dieu[1]. »

C'est à ce niveau que toute peine prend fin – toutes les âmes réunies ici communient dans le bonheur suprême. Dans les sphères supérieures, tout est affiné jusqu'à prendre sa forme la plus élémentaire. Toute pensée est une forme réelle. Je ne peux présenter ici qu'une esquisse de ce qui a été transmis par des défunts dans la littérature médiumnique. Cela échappe sans doute à notre faculté de représentation, et pourtant il y a eu de tout temps des hommes qui, par leurs dons de voyance, ont été

---

1. Van Praagh (James), *op. cit.*

capables de percevoir ces subtils mondes de conscience. Leurs témoignages sont subjectifs et ne sont pas démontrables.

Le grand initié Erhard Bäzner écrit :

« Dans le monde céleste, chaque pensée apparaît comme une forme réelle, qui correspond dans son apparence au caractère du défunt. Lui-même perçoit ses pensées comme un organisme vivant : il est donc entouré d'un monde constitué de ses propres pensées. Tandis que les pensées concrètes forment des images exubérantes, les pensées abstraites s'expriment en magnifiques ornements et figures géométriques. Une incomparable abondance de formes, de couleurs et de sons se tisse autour du défunt. Tel un panorama, ces formes de pensée défilent devant lui en se transformant sans cesse[1]. »

Dans ce monde, tout est en harmonie, légèreté et abondance. Le célèbre médium américain James van Praagh a lui aussi accédé à des visions de ces niveaux supérieurs par ses dons de voyance. Il décrit la beauté de ce monde :

« C'est un monde de splendeur, empli d'une beauté incomparable et de paysages fantastiques. Les êtres spirituels ressentent chaque brin d'herbe, chaque feuille, chaque fleur, et participent à leur vie – une symphonie céleste d'une parfaite harmonie. Et la musique n'est pas perceptible uniquement par l'ouïe, mais par chaque parcelle de l'être tout entier. Il

---

1. Bäzner (Erhard), *op. cit.*

émane de toute chose une lumière, il règne partout une unité et un ordre qui font plaisir. Même les bâtiments sont érigés avec les matériaux les plus purs que l'esprit, dans sa plénitude, a conçus et réalisés. Les constructions ne sont pas en dur, elles sont en éther et elles étincellent dans la lumière divine. Leur aspect est difficile à décrire ; elles ressemblent pour l'essentiel à des hologrammes[1]. »

Van Praagh décrit un état de conscience qui est compris sous le concept d'« expérience cosmique », la fusion avec tout autre être, dans laquelle il n'y a plus de séparation entre les êtres ou entre les choses. L'âme reconnaît que tout est esprit et procède d'un seul esprit, qui englobe la totalité des mondes possibles.

La confrontation avec les vies antérieures

Ce n'est qu'une fois arrivé dans ces sphères supérieures que le défunt se confronte non plus à sa vie écoulée, mais à ses vies antérieures. En s'unissant avec son moi supérieur, il découvre son identité éternelle, au-delà du temps, comme l'ont décrit en détail les témoins d'EMI et les thérapeutes par régression. L'âme suprême est le support unique de toutes les personnalités terrestres au travers des époques. Le moi suprême garde une empreinte personnelle, qui se maintient à travers toutes les vies passées.

---

1. Van Praagh (James), *op. cit.*

Paul Beard décrit ce processus avec les paroles d'un défunt :

« Il y a des moments où nous nous retirons pour mieux comprendre notre évolution. Pendant cette retraite, j'ai pu voir non seulement ma vie terrestre, mais l'ensemble de mon évolution. Ce n'est qu'après avoir surmonté notre moi inférieur que nous sommes soumis à ce test. On peut en apprendre beaucoup, sans douleur. Chaque erreur commise sert au développement psychique[1]. »

Le développement de l'âme révèle en réalité un Plan divin. Chaque faute purifiée et chaque intérêt personnel surmonté concourent à l'avancement spirituel et psychique et permettent d'atteindre une élévation de l'âme que nul ne pourra jamais se représenter.

Le témoin décédé continue :

« Il était intéressant de voir que la même tentation resurgissait sans cesse d'une vie à l'autre. Si je la surmontais dans une vie, elle n'apparaissait plus de manière si directe la fois suivante. En revanche, si je croyais l'avoir définitivement surmontée, la tentation revenait dans la vie ultérieure de plusieurs côtés à la fois. Pendant de longues périodes de mon évolution, j'ai reconnu en moi la même tournure d'esprit – les sempiternelles comparaisons qui ne nourrissent que le moi inférieur et l'entêtement[2]. »

---

1. Beard (Paul), *op. cit.*
2. *Ibid.*

La nature individuelle de l'âme suprême se révèle donc dans une tournure d'esprit qui marque les diverses personnalités comme un signe distinctif. Tant qu'une disposition particulière produit de la négativité ou des désirs terrestres, l'âme, et avec elle le moi suprême, ne peut pas poursuivre son évolution. Ce n'est qu'après avoir dépassé toutes les résistances et abandonné notre moi inférieur *(ego)* qu'il nous est possible d'assister à l'ensemble de notre évolution. On peut donc dire que la réincarnation est un principe supérieur de la vie spirituelle qui ne joue encore aucun rôle dans la vision rétrospective de la vie précédente. L'âme ne peut saisir les différentes phases de son évolution que lorsqu'elle a suffisamment élargi sa conscience. Elle peut alors saisir la totalité de l'être, car sa conscience a atteint une dimension cosmique. À partir de ce moment-là seulement, une âme individuelle est en mesure de saisir le déroulement complet de toutes ses existences.

Jane Roberts, qui a recueilli l'enseignement de Seth, célèbre dans le monde entier, écrit à propos de la signification de la connaissance consciente d'autres existences :

« Après avoir saisi le sens et la signification de l'existence que vous venez d'achever, vous êtes prêt à prendre conscience de vos vies antérieures. Ce que vous êtes commence à inclure ce que vous étiez dans d'autres vies, et vous commencez à faire des projets pour votre prochaine existence physique, si vous avez décidé d'en avoir une autre[1]. »

---

1. Högsdal (Bernt), *op. cit.*

À ce niveau supérieur de conscience, le processus n'implique ni peur ni douleur morale. L'essence de ses vies antérieures a marqué l'âme et l'a amenée à la maturité où elle se trouve à présent. La signification spirituelle de tous les événements des vies passées se révèle alors. L'un des éléments remarquables de l'enseignement de Seth est le fait que le libre arbitre de l'homme est conservé. L'âme décide elle-même si elle veut poursuivre son évolution dans le monde spirituel ou si elle préfère opter pour une incarnation supplémentaire.

Dans la vision globale de toutes les existences antérieures, l'âme découvre aussi qu'elle n'a jamais entrepris seule ses voyages sur la terre, mais qu'elle a communiqué pendant des millénaires avec des proches, qui l'ont accompagnée dans chacune de ses vies dans des circonstances variables et en tenant des rôles différents. Notre lieu de naissance, nos parents, nos frères et sœurs et les amis que nous avons ne sont en aucun cas un hasard. Tous les hommes sont liés sur un plan supérieur – nous pourrons donc rencontrer les âmes apparentées à toutes les époques de notre vie.

Cette période de connaissance de soi aboutit à l'expérience de la totalité et de l'unité spirituelle que l'âme perçoit désormais du fait de son état de conscience supérieur : elle se trouve chez elle avec ses proches et est entourée d'amour. Ce qu'elle a donné dans sa vie lui revient à présent. L'âme est pleinement éveillée. Voici un témoignage médiumnique sur ce sujet :

« Je ne voyais pas encore mon moi véritable, mais je le sentais par une chaleur interne qui s'intensifiait et s'élargissait dans la lumière. Je ressentais en même temps un sentiment de joie, de bonheur et de plénitude indescriptibles. Puis j'ai compris que notre personnalité n'est qu'une ombre du moi supérieur[1]. »

Le moi supérieur dont il est question ici est la somme de toutes les expériences sur terre et dans l'au-delà.

L'importance de l'âme collective

L'âme découvre à présent quelles personnalités de sa dernière vie ont fait partie de ce groupe. Le concept d'âme a une signification insoupçonnée, qui dépasse son sens habituel jusqu'ici. Le groupe d'âmes dans son ensemble représente « l'âme personnelle » : en vérité l'âme individuelle est une partie de l'âme suprême. Elle découvre désormais son rôle dans ce contexte général. Certains des membres de ce groupe peuvent ne pas être incarnés, mais le groupe reste soudé.

À ce niveau supérieur de l'être, le cheminement de l'âme n'est plus seulement personnel – celle-ci devient un aspect de l'âme collective. Le moi individuel *(ego)* a été surmonté, de même que les intérêts personnels. Chacun participe maintenant à la vie du tout. Toute séparation est abolie. À partir d'ici, le développement en commun des âmes du

---

1. Beard (Paul), *op. cit.*

groupe, avec la satisfaction qu'il apporte, devient possible.

Un des messages transmis indique :

« Je suis maintenant ouvert pour m'abandonner simplement à l'inspiration. Nous recevons un objectif et nous réagissons tous ensemble – nous formons ensemble un esprit, une idée. C'est un appel mental[1]. »

Ce niveau de l'être est assez « atmosphérique » : tout y est lié à tout. C'est l'infinité : l'âme prend conscience de l'amour et de la puissance infinis, où chacun sert le bien de tous. La participation consciente à l'âme collective n'élargit pas seulement l'être de chaque individu – elle élève aussi la signification de tout ce qui est. La connaissance et l'action spirituelles véritables résultent de l'intime collaboration de tous. Nous devenons un aspect de la vérité universelle partagée en même temps par tous les autres – que les membres d'un groupe se trouvent sur terre ou dans le monde spirituel. L'âme collective est ce que Paul Beard appelle dans son livre *Living on* la « confrérie de l'esprit unique ». Nous provenons de la source unique que nous appelons Dieu et nous y retournons un jour, après des millénaires d'évolution et de maturation. La quête humaine de la plénitude de l'âme n'est pas un intérêt isolé ; au contraire, le progrès des individus permet la liberté de tous les autres êtres.

Chaque esprit, chaque être est une pensée de Dieu, qui lui confère l'unité ; nous sommes tous

---

1. *Ibid.*

une partie de Dieu, qui nous a donné la vie. Nous sommes donc une partie d'un esprit. On trouve aussi cette fusion avec Dieu dans les expériences mystiques ou dans les illuminations spirituelles spontanées. L'âme collective est un élément de cette unité. C'est pourquoi la découverte de l'appartenance à un groupe et l'union avec ce groupe sont décrites comme étant si extatiques.

Un message d'un défunt explique :

« Je me souviens d'un moment d'une intensité incroyable. Nous étions tous unis – cette union était une bénédiction. L'âme humaine appartient à une âme collective dont elle émane et qui reçoit son inspiration d'un esprit. Si nous poursuivons notre développement après notre mort, si nous progressons, nous réalisons de plus en plus cette âme collective. C'est l'esprit qui soude ensemble les différentes âmes. Cet esprit peut être décrit comme la pensée de Dieu ou la lumière céleste. C'est une partie de Dieu, de même que toutes les créatures ont reçu la vie en cadeau de Dieu[1]. »

L'union mystique avec Dieu

Toutes les religions s'accordent sur l'idée d'un ciel. Pour le christianisme et l'islam, le ciel est une récompense préparée par Dieu pour ceux qui lui ont été fidèles. La plupart des autres religions tiennent le ciel pour le résultat d'une vie bonne. Dans

---

1. *Ibid.*

les descriptions bouddhiques ou hindouistes, il est question de jardins immenses dont les arbres sont d'or et d'argent. Dans la tradition occidentale, on trouve des descriptions de routes d'or et de portails de perles. Dans l'héritage juif, la splendeur céleste est décrite par une ville dépassant tout ce qui se trouve sur terre. À travers les millénaires, les descriptions de l'au-delà ont été transmises sous des formes analogues. En arrière-plan se trouve la tentative de rendre le raffinement et la beauté suprêmes des couleurs et des formes qui donnent l'idée du paradis.

C'est pour cette raison que les descriptions de ce type ont pour nous l'air de contes de fées. Pour bien se représenter l'autre monde, il est important de comprendre que le ciel n'est pas un endroit, mais un état de conscience élargie. Pendant sa vie, l'homme peut déjà élever son esprit à ce niveau – c'est précisément cette expérience que fait un mystique, une personne en état de mort imminente ou un médium qui s'immisce dans l'au-delà. Le ciel est déjà saisissable ici et maintenant.

Charles Leadbeater, l'un des grands théosophes initiés du XXᵉ siècle, décrit dans son livre intemporel *The Inner Life* (« *La Vie intérieure* ») comment l'homme peut participer à une telle félicité :

« Le point fondamental de toute la connaissance est ceci : l'homme fabrique son propre ciel en choisissant lui-même dans l'indicible splendeur des pensées divines. Chacun détermine aussi bien la durée que la nature de son séjour céleste par les choix qu'il a faits durant sa vie – il ne peut donc attendre que ce qu'il a mérité et vivre les joies qui correspondent à ses réactions : c'est un monde où chaque être jouit de la plus haute félicité dont il est capable – par le fait même qu'il a conscience de cette capacité. Un monde dans lequel la force de réagir à la mort n'est limitée que par les possibilités de chacun[1]. »

Au cours de cette longue transformation depuis le moi personnel jusqu'au moi supérieur, des rencontres avec le Divin peuvent se produire. Robert James Lees est l'un des plus grands mystiques médiumniques anglais. Son ouvrage *Through the Mists (« À travers les brumes »)*, qui est tenu pour l'un des livres de référence dans la recherche sur l'au-delà, contient de nombreuses descriptions de l'autre monde. Voici quelques-unes de ses affirmations marquantes sur le développement de l'âme :

« Plus l'âme se purifie et s'étend, plus ses forces et ses facultés augmentent. Elle parvient dans le même temps à déchiffrer des mystères, à avoir une plus claire compréhension de Dieu, une vision plus profonde de ses œuvres et de l'avenir qui en découle logiquement. Le développement de ces forces nouvelles requiert une formation. Chaque étape de la vie constitue donc en elle-même une classe de l'école de l'éternité[2]. »

1. Leadbeater (Charles W.), The *Inner Life (La vie dans l'au-delà)*, Wheaton (États-Unis), The Theosophical Publishing House, 1978.
2. Lees (Robert James), *Through the Mists (Voyage en éternité)*, www.rjlees.co.uk.

Le développement des âmes ne connaît pas de frontières. L'âme ne perd jamais son individualité. L'explication de W.T. Stead à ce propos est éclairante :

« Les esprits les plus développés ont atteint un niveau qui leur fait oublier toutes leurs liaisons antérieures. Je ne peux pas vous indiquer combien de temps il faut dans le meilleur des cas pour atteindre ce niveau élevé de développement. De manière générale, le séjour dans l'au-delà, qui vient après l'île bleue, dure infiniment plus longtemps qu'une vie terrestre ; ce séjour dure plus longtemps encore dans chacune des sphères supérieures. Celui qui atteint le point où il peut choisir entre se réincarner (revenir sur terre) et demeurer dans l'au-delà, celui qui a surmonté toutes les épreuves précédentes, s'il choisit la seconde option, est conduit dans un tout nouveau domaine de vie d'une clarté indicible. Il devient absolument impersonnel. Il est désormais un esprit divin – son amour, à l'origine personnel et individuel, se purifie en un amour nouveau qui englobe tout. Il ne perd cependant jamais son individualité[1]. »

Rudolf Steiner écrit dans son ouvrage *La Science de l'Occulte* (en abrégé) qu'il existe un niveau particulier réservé aux saints et aux sages. De très nombreux auteurs, comme Erhard Bäzner, Paul Beard ou Robert James Lees, conjecturent que les niveaux les plus élevés sont le domaine des illuminés, des

---

1. Stead (Estelle), *op. cit.*

saints ou des initiés de toutes les époques. Erhard Bäzner écrit :

> « L'homme ne peut s'élever jusqu'à ce monde des causes qui est la demeure des sages, des saints et des initiés qu'avec l'aide d'une personne plus avancée dans son développement, un "grand frère", sans lequel il ne serait pas capable de se maintenir dans cette sphère, même pour un court moment : sa personnalité encore faible ne pourrait pas supporter une telle débauche d'énergie ; elle ne se retrouverait même plus dans les sphères inférieures[1]. »

Il faut comprendre par là que l'abondante et puissante Lumière divine, vers laquelle tend l'âme, est le but et le sens de toutes nos pérégrinations terrestres. En même temps, l'énergie d'amour qu'est Dieu est si puissante que l'âme doit avoir parcouru toute cette évolution jusqu'à sa plénitude avant d'être en mesure de soutenir cette Lumière divine. L'esprit de l'homme se développe tout au long de l'éternité – chacun franchira à son tour le seuil du Divin.

Durant sa vie, Albert Pauchard a présidé la Société d'études psychiques de Genève. Les messages qu'il recevait par voie médiumnique de l'autre monde sont tenus pour les meilleurs du genre. Dans l'extrait suivant, il décrit une rencontre avec Dieu, qu'il effectue en même temps qu'un groupe d'âmes. L'effet de l'expérience du Divin sur l'âme est rendu de manière particulièrement parlante :

---

1. Bäzner (Erhard), *op. cit.*

« Alors que nous étions debout devant Lui, c'était comme si la fleur de mon âme s'ouvrait sous les rayons de Sa lumière. Chacun sent la chaleur de Sa présence qui irrigue les nerfs les plus intimes de son être. Une lumière naît en nous. Sa simple présence crée en nous la semence de la sagesse, de l'amour et de tout ce qu'il y a d'aimable en chaque cœur. Une vision de cet ordre ne dure qu'un infime moment, mais avec un effet durable. Par la suite, l'âme n'est plus la même : c'est comme si d'enfants nous devenions adultes[1]. »

Cette expérience provoque une transformation, un bouleversement. À travers les millénaires, les mystiques, saints et illuminés ont tous décrit leurs expériences du Divin en des termes proches. L'âme découvre qu'au plus profond de son être elle n'est en réalité séparée ni de ses âmes compagnes ni de la lumière de Dieu. Frances Banks confirme cette expérience par le témoignage suivant :

« Je fus un moment transportée en esprit à un niveau où j'entrai en contact avec une grande âme, un maître de sagesse très avancé dans son développement, qui appartient à la communauté de Dieu. Son visage s'illumina devant moi. Je le connaissais ! Ce n'était pas le moment de parler. Il me sourit avec une compréhension infinie lorsque parut de nouveau le plan de ma vie – cette fois plus grand et plus détaillé – avec la marque définitive de mes petites victoires et

---

1. Beard (Paul), *op. cit.*

des échecs de mes efforts. "Je suis, j'étais, je serai pour toujours", ai-je alors pensé. Comme une réponse à cette pensée, je vis dans une brève illumination quelle apparence Il avait à chaque fois que j'étais entrée en contact avec Lui aux différents stades de mon être. Je Le regardai de nouveau et vis que Son visage était le visage de l'amour infini, illimité[1]. »

Notre chemin vers l'éternité est éternel. L'esprit humain, minuscule, est illuminé et consolé par la certitude que notre existence est un merveilleux effet de la grâce et de l'amour divins. Toute âme atteindra un jour cette étape suprême de l'être. L'évolution de chacune suit son rythme propre. Plus la conscience s'élève, plus les limitations antérieures sont abolies et plus l'homme découvre de nouvelles conceptions de l'être. À mesure que la conscience s'étend, la perception de l'âme s'intensifie.

---

1. Greaves (Helen), *op. cit.*

CHAPITRE 5

CE QUE NOUS POUVONS SAVOIR AUJOURD'HUI SUR L'AU-DELÀ

Sur l'immortalité de l'âme

Après avoir fait le tour des divers domaines de recherches sur la mort, après avoir présenté les témoignages des personnes ayant vécu une EMI, des mystiques, les récits des thérapeutes par régression, la réalité concrète du processus de décès et les messages reçus par les médiums, il reste à explorer avec soin ce que nous pouvons vraiment savoir sur le passage dans l'au-delà et la vie après la mort. À mes yeux, plus cruciale encore est la question de la signification de ce savoir pour notre vie ici et maintenant.

Depuis toujours, l'homme s'interroge sur la vie après la mort. À Pâques en 2007, le magazine allemand de référence *Der Spiegel* a titré un article de quatorze pages portant sur la croyance à l'immortalité de l'âme « Ce qu'il reste de l'homme ». D'après un sondage réalisé sur un échantillon représentatif, 52 % des Allemands déclarent croire en une vie après la mort et à l'immortalité de l'âme. Chez les 18-29 ans, ce sont même 64 % des personnes qui attendent une continuation de l'existence. La réponse des intellectuels et des artistes interrogés ne correspond qu'en partie à l'opinion moyenne. Les uns ont affiché un scepticisme radical, d'autres ont déclaré avoir des prémonitions de l'au-delà, qu'ils ne voulaient pas analyser.

L'élément le plus stupéfiant dans ces explications est le résumé de l'article, selon lequel la thèse de l'immortalité de l'âme est plus vraisemblable que l'affirmation d'un non-être pur et simple. Pour un magazine qui a pendant des décennies refusé toute spéculation métaphysique, il s'agit d'un tournant radical.

C'est le même magazine qui en 1999 a porté le discrédit sur l'œuvre entière d'Elisabeth Kübler-Ross en présentant une interview où ses thèses étaient déformées. De nombreux lecteurs ont eu alors l'impression que Kübler-Ross, confrontée à sa propre mort, contredisait ses thèses sur le passage dans l'autre monde. Dans le numéro de Pâques 2007, elle est présentée comme une personne courageuse qui a affronté avec vigueur le scepticisme des scientifiques et des intellectuels qui mettaient en doute l'existence de l'âme après la mort.

Le magazine dit :

« La psychiatre suisse Elisabeth Kübler-Ross (1926-2004) a accompagné comme médecin les malades cancéreux, notamment des enfants, jusqu'aux limites de la mort. Elle a décrit la mort comme le "passage" dans "une autre forme de l'être", comme le "début éclatant" de l'entrée dans la "conscience cosmique".

Elle comparait la mort avec un "papillon sortant de son cocon"[1]. »

Les personnes qui ont beaucoup côtoyé des grands malades et des mourants témoignent que le moi de l'homme se maintient et que la mort n'est pas la fin de l'existence humaine. Le thérapeute psychique Bert van der Post, originaire de Cologne, accompagne depuis plus de trente ans les mourants sur leur dernier chemin ; il dirige l'hospice La Maison de Tobias aux environs de Cologne. Lui aussi est persuadé que la mort n'est pas la fin pour l'homme, mais le début d'une autre vie. Les milliers de personnes que j'ai pu rencontrer au cours des dernières années à travers les séminaires et conférences, qui m'ont fait le récit de leurs expériences personnelles dans l'accompagnement des mourants, confirment tous les thèses de Kübler-Ross et des autres chercheurs.

Bert van der Post témoigne dans le *Spiegel* qu'il a accompagné une mère mourante ; son mari, décédé auparavant, est venu la chercher en l'appelant par son nom. Ulla Unseld-Berkéwicz déclare :

« J'ai accompagné bien des personnes à l'instant de leur mort. On fait dans ces moments certaines expériences : on acquiert la certitude croissante qu'il y a là quelque chose d'autre qu'on ne voit pas. Je crois que l'âme individuelle continue en quelque sorte d'exister, peut-être pas pour l'éternité. Au cours d'une méditation

---

1. *Der Spiegel*, n° 15 du 7 avril 2007, p. 122.

profonde, on peut se faire une idée de ce que c'est que continuer à vivre sans corps[1]. »

Les états de conscience modifiés atteints par la méditation

À notre époque, très nombreux sont ceux qui s'adonnent intensivement à la méditation, faisant ainsi des expériences extracorporelles. Celles-ci, comme les cas de mort imminente, peuvent s'amplifier jusqu'à devenir des expériences cosmiques. Ces dimensions de l'âme humaine, le thérapeute et psychologue transpersonnel Sylvester Walch ne les a sondées que très récemment : il a alors découvert des potentialités inexplorées de la psyché humaine, qui peuvent être mises à profit pour des guérisons et des transformations en profondeur. La psychologie transpersonnelle allie la spiritualité et les connaissances psychologiques actuelles pour permettre à l'homme de mieux se connaître lui-même. Cette méthode surmonte les barrières qui séparent les thérapies habituelles, pour parvenir à des états de conscience modifiés. En s'appuyant sur les expériences de méditation de centains de ses patients, fondées sur des techniques de respiration approfondie, Sylvester Walch décrit le pressentiment de l'autre monde comme une rencontre avec la Lumière divine, exactement comme dans les récits d'EMI.

Une femme raconte :

---

1. *Ibid.*, p. 132.

« Au bout d'un moment, ce brouillard a commencé à se dissiper peu à peu, et j'ai été emportée par cette extraordinaire vague de lumière et d'amour, qui m'a envahie tout entière ; j'avais l'impression que mon cœur emplissait tout l'espace, j'ai été prise d'une profonde reconnaissance, et les mots suivants me revenaient sans cesse : "Je suis prête" et "Emmène-moi". Au début, ces paroles s'accompagnaient d'une sorte de pudeur et d'angoisse, mais cette lumière a fait fondre tous ces sentiments comme neige au soleil : c'était comme si ces mots me faisaient entrer toujours plus avant dans la lumière[1]. »

Dans les expériences de ce type, le divin en l'homme se révèle par des sentiments d'unité et de liaison à la totalité de l'être, accompagnés d'amour, de joie et de dévouement. Voici le récit d'une autre expérience :

« Il y a une telle lumière, une lumière divine, resplendissante. Sa présence envahit tout. Mes bras se lèvent et mes deux mains se posent sur le front et le troisième œil. Les mains me protègent encore de la toute-puissance et de la beauté de sa lumière. C'est trop fort pour moi, et je verse des larmes de félicité et d'abandon. Puis mes deux mains s'élèvent au-dessus de la tête. Tout mon être est élargi face à Lui. La paix, la félicité, la joie, l'amour, la beauté, tout cela

---

1. Walch (Sylvester), *Dimensionen der menschlichen Seele. Transpersonale Psychologie und holotropes Atmen (Dimensions de l'âme humaine. Psychologie transpersonnelle et respiration holotrope)*, Dusseldorf, Walter, 2002.

forme une unité, comme une fleur qui s'ouvre devant Lui[1]. »

La rencontre avec la lumière et l'amour tout-puissant au cours d'une EMI déclenche une transformation de la personnalité qui ne peut s'expliquer par la science. Ceux qui étudient attentivement ces expériences se demandent comment il se peut qu'une personne connaisse une transformation radicale du point de vue éthique et social au cours d'un événement qui, en temps terrestre, ne dure dans la plupart des cas pas plus de cinq minutes. Outre les hypothèses sur l'existence de la conscience séparée du corps et sur l'immortalité de l'âme, l'expérience de la Lumière divine ou l'union avec cette lumière provoque un bouleversement complet de la personne – et cela est attesté depuis des millénaires. Les illuminations spirituelles spontanées et les expériences mystiques de toutes les époques en offrent également un témoignage éloquent.

La rencontre avec cette autre forme de l'être apporte la certitude qu'il existe un autre monde au-delà de la réalité quotidienne. De plus, derrière tout être se trouve la Force originelle que nous appelons Dieu. La rencontre avec le Divin donne aux hommes courage, confiance et espérance. Grâce à elle, ils ne doutent plus du sens spirituel supérieur de l'existence. Sans l'existence de cette Force originelle à la source de tout être, la réalité de l'au-delà ne serait pas concevable.

---

1. *Ibid.*

Le modèle opposé, celui des sciences de la nature actuelles, notamment les recherches sur le cerveau, qui clament que tous les processus psychiques en l'homme – y compris son identité propre – ne sont que le produit de transformations biochimiques, ce modèle est d'une totale insignifiance. Les mécanismes cérébraux, ces « cent milliards de neurones interconnectés », comme les décrit le mathématicien et philosophe australien David Chalmers, ne permettent pas d'expliquer l'apparition de la vie intérieure subjective de la conscience qui donne lieu à un « moi ». Cette question n'a jusqu'à présent pas été éclaircie par les neurosciences ; la conscience humaine reste donc elle aussi inexplicable.

Si ces explications que proposent les scientifiques étaient valables, l'homme ne serait qu'un être sans âme, sans conscience de soi : la création n'aurait ni sens ni but. La recherche scientifique a montré que l'espace et le temps sont des unités de mesure « relatives » de l'appréhension de la réalité par l'homme. Une loi fondamentale de la physique dit que l'énergie ne peut jamais se perdre mais seulement changer de forme ; cette loi est bien sûr valable pour l'énergie vitale de l'homme. Mais on doit alors admettre que du point de vue même des sciences de la nature, il doit y avoir dans l'âme humaine des processus spirituels qui conduisent au moi de l'homme, bien que celui-ci ne soit pas explicable. Nous voici donc à l'origine de la question de l'au-delà : la conscience est-elle pensable indépendamment du corps ? L'existence de la conscience indépendamment du corps est indiquée non seulement par tous les résultats des recherches thanatologiques des quarante dernières années, mais aussi par ce fil rouge qui parcourt toute l'histoire humaine.

La peur de l'inconnu et la crainte de la vie après la mort conduisent la plupart des gens à fermer les yeux sur cette possibilité. Le scepticisme et le doute ne sont pourtant rien d'autre que l'expression de la prétendue logique de l'entendement humain, qui empêche de franchir les barrières métaphysiques. À cela s'ajoute la peur de sa propre responsabilité : tant qu'il tient les autres pour responsables de ses propres insuffisances, l'homme est incapable de se trouver lui-même. C'est là une attitude confortable, qui consiste à rendre Dieu responsable des coups du sort, même si l'on ne croyait pas en lui auparavant.

La plainte universelle « Pourquoi Dieu permet-il cela ? » (que mon enfant, que mon conjoint, que mon ami soit mort) est un exemple éloquent de cette manière que nous avons de nous décharger de notre culpabilité sur les autres. Bien des gens ne parviennent à supporter le traumatisme causé par ce genre d'événement qu'en se berçant de pensées du type « Qu'est-ce qui se serait passé si... ? » : ils sont fermement persuadés qu'ils auraient pu empêcher un destin inévitable. C'est une erreur fondamentale : aucune mort n'arrive par hasard, chacune est sous-tendue par une décision de l'âme, quelle qu'en soit la cause extérieure (accident, longue maladie, suicide). Cette décision n'est pas prise par le moi terrestre, mais par l'élément supérieur de l'âme : celui-ci a décidé une incarnation à un moment donné et retourne dans sa demeure d'origine dès que l'âme a accompli ce pourquoi elle était venue. Cela permet d'expliquer aussi bien la mort d'un enfant que celle d'un vieillard après une longue agonie, aussi bien un suicide qu'une mort subite par accident ou consécutive à des catastrophes de toutes sortes. Chaque passage dans l'autre monde est aussi une occasion pour les proches du défunt de progresser eux-mêmes. Tout cela, comme on l'a vu, fait partie d'un plan supérieur.

L'homme actuel devrait se ressouvenir de qui il est en réalité : un être spirituel, incarné sur terre pendant un court moment pour faire certaines expériences et accomplir sa tâche personnelle. L'accroissement psychique et spirituel de chacun sert à l'ensemble des hommes. C'est l'unique raison de notre existence sur terre.

La conscience incorporelle

Toutes les expériences réalisées aux confins de la mort, que ce soient les illuminations spirituelles des mystiques, les accès spontanés au Divin, les nombreuses rencontres avec les morts, les régressions sous hypnose dans la vie intermédiaire ou encore toutes les activités médiumniques, toutes ont un dénominateur commun : elles s'accompagnent d'un état de conscience élargie, qui permet à celui qui en fait l'expérience d'accéder à des informations jusqu'alors cachées. Cette faculté d'acquérir des connaissances transcendantes, l'homme la recèle au plus profond de lui-même : elle est totalement indépendante de la croyance en Dieu, de la pratique d'une religion déterminée, de l'appartenance à un cercle culturel donné ou du choix d'une posture d'athée sceptique. Chacun porte en soi l'étincelle divine : nous sommes tous issus de la même source, que nous appelons Dieu, et nous y retournerons tous un jour.

Les EMI confirment ces thèses. Les témoins en situation de danger vital ont des expériences extracorporelles spontanées. Ces situations de danger sont imprévisibles. Elles se produisent probablement lorsque la personne est mûre – qu'elle soit croyante ou non. Les études scientifiques menées sur la transformation de la personnalité (voir Melvin Morse, Pim van Lommel ou Sam Parnia) témoignent des changements radicaux de personnalité qui font suite à ces expériences.

Un avocat m'a raconté :

« Je n'ai jamais cru à la vie après la mort et je tenais les récits des EMI pour le dernier soubresaut du cerveau avant sa mort définitive. Depuis que j'ai eu un grave accident de voiture, lors duquel j'ai failli mourir, je *sais* que mon idée était fausse. Depuis ma rencontre avec cet amour surnaturel, ma vie a été transformée. Je vois la vie de manière totalement neuve : j'essaie de passer plus de temps avec ma famille et mes amis. Pour moi, le sens de la vie, c'est donner de l'amour. Aujourd'hui, je vois aussi les problèmes de mes clients de manière différente. En regardant en arrière, je suis reconnaissant d'avoir eu cette expérience de mort imminente. »

Certaines personnes sont préparées à leur mort prochaine par une EMI qui leur permet de surmonter leur peur. D'après l'étude de van Lommel, plus d'un tiers des personnes ayant eu cette expérience meurent dans les quelques jours qui suivent l'événement.

Les expériences aux confins de la mort sont indépendantes des facteurs religieux, culturels ou spirituels, aussi bien que de la prise de médicaments, du manque d'oxygène ou de la libération d'endorphines par l'organisme. Seul importe le fait que la conscience non seulement continue d'exister de manière indépendante du corps, mais aussi soit le support de l'identité personnelle. Le passage dans l'au-delà est donc un événement universel, vécu de la même manière dans le monde entier, qui se manifeste à travers les phénomènes survenant au cours du processus de décès.

L'existence d'une conscience incorporelle est en étroite liaison avec la conception de l'âme humaine comme immatérielle. Même si la réalité de l'âme ne peut pas être démontrée par la science, au cours des expériences extracorporelles, les témoins perçoivent leur corps spirituel, ce support de la conscience, comme un objet sans pesanteur et translucide. La conscience de soi reste intacte, tandis que l'espace et le temps s'abolissent, donnant lieu à une indescriptible simultanéité de l'existence. Tous les événements s'accélèrent, les facultés de perception s'élargissent : la pensée devient plus précise, plus intense et plus vive. Le témoin découvre qu'il peut se trouver sur-le-champ auprès des personnes auxquelles il pense. Il peut ensuite décrire avec précision ce qui s'est produit en tel endroit, ce qu'ont dit ou fait ses proches et ses amis à l'instant exact de sa mort clinique, ou les vêtements qu'ils portaient. Il suffit que le témoin se concentre sur un événement pour que la perception se focalise dessus.

Un homme m'a raconté au téléphone :

« Au cours d'une grave opération du cœur, je me suis tout à coup mis à flotter au plafond de la salle d'opération. Je voyais les médecins occupés à me réanimer. Puis ma conscience s'est élargie et je me suis trouvé en dehors de l'hôpital dans une rue très animée. J'ai observé une voiture en percuter une autre, puis reculer, commettant un délit de fuite. J'ai vu très nettement le numéro de la plaque d'immatriculation. Ensuite, je me suis senti ramené vers mon corps ; j'ai alors remarqué le lien subtil qui me rattachait à lui. En me réveillant après l'opération, je me souvenais de l'accident. J'ai raconté à l'infirmière ce que j'avais observé. Elle m'a regardé avec incrédulité, mais elle a quand même prévenu la police. Il s'est avéré que j'avais bel et bien reconnu le numéro de la plaque d'immatriculation du conducteur en fuite ! »

Ces témoignages montrant que la conscience existe indépendamment du corps et qu'elle est le support de l'esprit humain *(ego)* sont corroborés par toutes les études actuelles sur les EMI. Nous disposons donc de connaissances vérifiées sur ce qui advient de l'homme à sa mort.

Au cours du processus de décès, l'âme se désolidarise peu à peu du corps : le témoin a donc sa conscience élargie, ce qui lui permet de percevoir avec la plus grande précision tout ce qui se produit autour de lui. Il peut désormais voir les proches décédés ou les êtres spirituels venus l'accueillir, tout en percevant le désarroi et la douleur des membres de sa famille qui l'entourent. Le jour de la mort d'Elisabeth Kübler-Ross en août 2004, j'ai parlé l'après-midi avec son amie intime Luise Tuth, qui dirige un hôpital en Suisse. Après notre conversation téléphonique, elle a ressenti le besoin d'appeler chez Elisabeth. Elle l'a fait après avoir terminé son travail vers minuit. Ce n'est pas Elisabeth qui a répondu, car elle était sur le point de mourir. Elle ne pouvait plus parler, mais elle comprenait tout ce que Luise avait encore à lui dire, parce qu'elle hochait ou secouait la tête. Elisabeth Kübler-Ross est morte peu après.

Un an plus tard, Luise a pris contact avec Elisabeth par l'intermédiaire d'un médium ; celle-ci a tout de suite répondu. Luise a été très surprise de la voir transmettre d'emblée le signe de salutation commun que les deux femmes employaient lorsqu'elles se rencontraient, le symbole de la victoire. Puis Elisabeth a fait savoir à Luise qu'elle devait dire à tout le monde que les patients dans le coma voient et entendent tout ce qui se passe autour d'eux.

Lors d'un décès, nous ne regardons le plus souvent que le corps et la douleur de la personne : nous ne prêtons attention qu'à l'extérieur. Pourtant, plus l'âme se libère du corps, plus la conscience du mourant se déplace hors du corps. En présence d'un mourant, les proches doivent donc faire preuve d'amour et de reconnaissance : même inconscient ou dans le coma, le mourant perçoit tout ce qui se produit autour de lui.

Un autre aspect moins connu du processus du décès est ce que l'on appelle la « mort partagée », durant laquelle un proche dans un état de conscience modifié, le plus souvent de nature extracorporelle, assiste au passage d'une personne. Pour cela, il n'est nécessaire ni de se trouver auprès du lit de mort, ni de savoir concrètement qu'un membre de la famille est sur le point de mourir.

Christian m'a écrit :

« Ma mère est morte le 24 novembre 1988 vers 5 heures et demie du matin d'un infarctus du myocarde. À l'époque, j'avais vingt et un ans et j'étais étudiant dans une autre ville, distante de quarante kilomètres. À ce moment précis, je dormais dans ma chambre d'étudiant, et j'ai fait un rêve étrange : une femme dont je ne pouvais pas voir le visage était chez nous, allongée sur le parquet. Une équipe médicale tentait en vain de la réanimer. Lorsque le médecin a constaté le décès, un jeune homme de l'équipe de secouristes est tombé à genoux et s'est mis à pleurer. Puis j'ai vu ma mère debout ; elle était un peu changée, mais je l'ai reconnue tout de suite. Elle semblait totalement libérée. Elle m'a dit qu'elle devait partir à présent, et tout à coup j'ai vu une sorte de tunnel, comme une cage d'escalier tout en hauteur ; à l'extrémité en haut brillait une lumière éclatante, comme s'il y avait un toit en verre. Ma mère est montée, et je l'ai suivie jusqu'à un certain point, le dernier palier en quelque sorte. J'ai essayé de continuer à monter, mais

260

sans y parvenir. Elle paraissait voler, elle s'élevait sans cesse, jusqu'à disparaître. Ensuite, je me trouvais à nouveau en bas avec des gens qui emballaient leurs affaires. Ils n'avaient pas remarqué ma présence. Mon rêve s'arrête là. Je me suis réveillé vers 6 heures du matin avec les larmes aux yeux. Juste après, le téléphone a sonné : c'était mon père qui m'annonçait que ma mère était très malade et que je devais rentrer à la maison dès que possible. Je savais à ce moment-là qu'elle était morte. Et en effet, tout s'était passé exactement comme dans mon rêve. Même la scène avec le jeune homme était réelle : c'était le premier décès auquel assistait le jeune secouriste. Mon père a été très étonné quand je lui ai demandé qui était le jeune homme qui avait pleuré. Il pensait que je n'avais aucun moyen de savoir cela. »

Les cas où quelqu'un assiste à distance au décès d'une personne sont beaucoup plus fréquents qu'on ne le suppose d'ordinaire, et ils sont de plus en plus nombreux. Ce phénomène indique que pendant les expériences extracorporelles, l'espace et le temps ne sont plus des limites absolues. Le jeune étudiant se trouvait à quarante kilomètres de là, et pourtant il était bien présent lors de la mort de sa mère pour l'accompagner sur son chemin vers l'au-delà. À ce moment-là, son corps se trouvait dans son lit, en plein sommeil, mais sa conscience, pendant l'expérience extracorporelle, percevait claire-ment tout ce qui se passait dans la maison de ses parents. Une nouvelle fois, il apparaît de manière très claire que la conscience existe et peut se dépla-cer indépendamment du corps. Chaque jour, de très nombreuses personnes font cette expérience, mais la plupart n'en parlent pas, car la science ne peut pas l'expliquer.

Les thérapeutes par régression qui, grâce à l'hypnose, ont plongé leurs patients dans leur état originaire d'êtres spirituels, l'état qui caractérise l'existence intermédiaire entre les vies terrestres, rapportent des expériences de l'au-delà exactement identiques aux EMI. Voici comment le thérapeute par régression Michael Newton résume cet état de fait :

« Dans les premiers stades de la régression dans les vies antérieures, les récits des patients qui revivent en esprit leurs expériences de morts précédentes recoupent ceux des personnes qui, dans cette vie, ont passé quelques minutes dans la mort. La différence entre ces deux groupes tient au fait que les personnes sous hypnose ne décrivent pas l'expérience d'une mort provisoire. Les personnes en transe profonde sont capables de décrire à quoi ressemble la vie après leur mort corporelle irréversible[1]. »

Les récits des médiums sur l'instant de la mort et sur la manière dont les défunts vivent ce passage vont eux aussi dans le même sens que tous les résultats des recherches sur la mort. De manière schématique, on peut résumer l'expérience de la mort de la façon suivante : une personne est à l'agonie, tandis que son âme se libère peu à peu de son corps. Qu'elle soit ou non inconsciente ou

1. Newton (Michael), *op. cit.*

dans le coma, elle perçoit tout ce qui se passe autour d'elle. À l'instant de la mort, l'âme, support de la conscience de soi, se sépare du corps : le ruban d'argent qui maintenait ensemble le corps et l'esprit se rompt. L'âme ne peut ensuite plus retourner dans le corps. La personne est définitivement morte. L'âme flotte au-dessus du lieu du décès ; elle voit et entend tout ce qui est dit ou pensé dans la pièce ou sur le lieu de l'accident. Le défunt se sent délivré de toute douleur et en pleine santé. Lorsqu'il pense à des personnes données, il se trouve immédiatement en leur présence ; parfois, il tente de leur faire savoir qu'il est là. Certains restent encore un temps dans leur environnement antérieur, d'autres ne comprennent pas d'emblée qu'ils sont morts et sont désorientés (par exemple lorsque la personne se défend trop contre sa mort ou en cas de mort soudaine) ; mais la plupart des défunts entrent rapidement dans la lumière.

Toutes les connaissances dont nous disposons à l'heure actuelle sur la mort, et sur le passage dans l'autre monde, nous montrent que nous n'avons pas du tout à la redouter. La peur est la principale entrave de la vie humaine. Un message en provenance du monde spirituel indique :

« Tous nos problèmes ont pour origine la peur. On a peur lorsqu'on manque de quelque chose, mais la peur s'accroît encore lorsqu'on obtient ce que l'on désire, parce que l'on craint alors de perdre ce qu'on a. On a surtout peur de mourir, peur de ce qu'il y a après la mort. Pendant toute la vie, on est accablé par la pensée de la mort, que ce soit la sienne propre ou celle des autres. Mais si l'on essaie d'accepter le caractère éphémère du monde physique, alors on vit réellement. N'oubliez pas que toute vie est en mouvement permanent. En essayant de s'accrocher à une partie de sa vie, on prend peur face aux changements. Le jour où vous aurez appris à ne plus avoir peur sera le premier jour de votre vie véritable[1]. »

Les contacts avec des défunts sont un indice supplémentaire de la survie de la conscience après la mort.

Le phénomène des contacts *post mortem*

La plupart des contacts avec les défunts ont lieu au cours de la première phase qui suit la mort. L'objectif des défunts est de faire savoir à leurs proches qu'ils continuent à vivre et qu'il n'y a pas de souci à se faire sur le lieu où ils se trouvent. Ces contacts peuvent cependant se répéter pendant plusieurs années. La plupart de ces séries de rencontres avec l'au-delà sont de courte durée, jusqu'au moment où le défunt fait ses adieux définitifs pour poursuivre son développement dans l'au-delà.

Les contacts avec des défunts sont un phénomène de masse ; ils prouvent que la vie de l'indi-

---

1. Smith (Gordon), *Spirit Messenger*, Carlsbad, Hay house, 2004.

vidu se poursuit après la mort. Dans tous les pays, ces contacts concernent plus de la moitié de la population. La réalité de ces phénomènes a été confirmée à maintes reprises par des sondages sur la question.

Ces phénomènes sont d'une nature si subtile que bien des gens doutent de leur réalité. D'un côté, les témoins *savent* ce qu'ils ont vraiment vécu, mais, de l'autre, ils doutent de la réalité de leur perception. Cela est vrai en particulier pour ceux qui tenaient ces phénomènes pour impossibles. Les lecteurs peuvent vérifier l'authenticité d'un contact *post mortem* par le fait qu'ils ne peuvent pas provoquer par eux-mêmes ce type de phénomène. C'est le mort qui prend l'initiative du contact. La plupart des gens n'osent pas parler de leurs expériences à leur famille ou à leurs amis, par peur d'être pris pour des fous.

Par notre amour et par nos pensées, nous restons toujours liés à nos proches décédés, où qu'ils se trouvent. Après la mort d'une personne, nous pouvons allumer des bougies ou afficher une photo et exprimer en pensée tout ce que nous avons à dire sur le mort. Nous pouvons demander un signe, prier pour lui ou, avant de dormir, l'inviter à venir nous rendre visite en rêve. Il n'est pourtant pas garanti qu'un sentiment de présence s'installe. Les personnes qui souhaitent s'informer plus amplement sur cette question peuvent lire mon livre *Rencontres avec l'au-delà*[1].

---

1. Ce livre n'a pas été publié en français.

À *l'instant de la mort*, des horloges s'arrêtent sur l'heure exacte du décès, des objets sont déplacés ou des tableaux se décrochent des murs ; des apparitions peuvent se manifester. Parfois, on peut sentir la présence de la personne qui vient de décéder. De très nombreuses personnes ont vécu des phénomènes de ce type, ainsi une femme, qui m'a raconté au téléphone :

« Mon grand-père était mourant depuis plusieurs mois. J'allais le voir presque chaque jour à la maison de retraite et je passais beaucoup de temps auprès de son lit. Combien de fois, en lui disant au revoir, j'ai pensé que je le voyais pour la dernière fois ! Mais rien ne se passait, et pour des raisons inconnues l'agonie traînait en longueur. Une nuit, je me suis réveillée vers 2 h 30. Toute la chambre était éclairée d'une lumière étrange. Je ne voyais que cette clarté et je sentais la présence de mon grand-père. Avant que j'aie vraiment recouvré mes esprits, la lumière avait disparu et la sensation d'une présence s'était évanouie. À cet instant, j'ai su que mon grand-père était mort et m'avait dit adieu. J'ai appelé l'infirmière de nuit à l'hôpital, qui m'a confirmé que mon grand-père était décédé vers 2 h 30 ; elle était sur le point de me prévenir. »

Le phénomène le plus répandu est la sensation de la présence réelle d'une personne décédée. Il s'instaure alors une impression de présence quasi corporelle ; on perçoit réellement le rayonnement énergétique propre de la personne. Ces expériences, comme toutes les autres formes de contacts *post mortem*, sont vécues spontanément dans la vie de tous les jours, sans que la personne en deuil pense au défunt. Cette sensation de présence est d'une nature subtile ; elle est en même temps liée à des sentiments d'amour, de chaleur et de protection.

Une femme m'a raconté :

« Marianne était en deuil de son père mort de manière tout à fait inattendue d'un infarctus du myocarde. Elle ne parvenait pas à accepter sa mort. Un après-midi, alors qu'elle était assise dans le jardin en train de pleurer, elle a tout à coup senti la présence de son père qui l'enveloppait doucement. Il lui a dit par télépathie : "Même si tu ne me vois pas, je serai toujours là pour toi. Je suis toujours là pour toi." Marianne s'est sentie protégée et emportée par l'amour qui émanait de son père. Toute l'expérience s'est produite dans un état de conscience modifié et a duré au total quarante minutes. Puis le sentiment de présence a disparu aussi vite qu'il était apparu. Ça a été pour Marianne une consolation infinie. »

Il peut même parfois se produire un *échange mutuel de contacts perceptible par le corps*, en particulier lorsqu'il y avait une relation très intime avec le défunt. Voici ce que m'a écrit Michael :

« Quelques semaines après sa mort, ma mère se trouvait tout simplement dans ma chambre. Elle était si réelle que je pouvais la toucher. Elle me parlait par télépathie, mais, au début, je ne m'en rendais pas compte du tout, tant j'étais surpris par son apparition. Elle m'a dit que nous nous reverrions. Elle m'a pris dans ses bras et a serré ses mains sur mes épaules, puis elle a disparu d'un coup. Je jure que j'ai ressenti la pression de ses mains sur mon corps, en plein état de veille. À chaque fois que j'y repense, je ressens sa chaleur et son amour. »

La *perception d'odeurs* associées à une personne défunte précise est très répandue. Ce phénomène se produit sans qu'il y ait de cause connue ni de source odorante que l'on puisse identifier. Il est toujours lié à une sensation de présence. Une femme m'a écrit :

« Mon mari était mort depuis deux mois. J'étais au salon en train de lire un livre, lorsque soudain j'ai senti l'après-rasage que mon mari utilisait toujours de son vivant. C'était son odeur typique. En même temps, j'ai senti sa présence, son aura. J'étais absolument certaine que Thomas se trouvait auprès de moi dans la pièce. Est-ce que j'avais un vêtement à lui dans la pièce ? Je n'ai rien trouvé qui ait pu causer cette odeur. Aujourd'hui, je suis sûre que Thomas a voulu m'envoyer un signe. Je me sens consolée et protégée. »

D'autres personnes entendent la *voix* de la personne décédée. Une femme m'a raconté au cours d'un séminaire :

« L'année dernière, je suis allée sur la tombe de mon mari. En sortant du train, j'ai entendu une voix à l'extérieur, avec un ton particulier. Je me suis retournée, en pensant tout d'abord que c'était une connaissance qui m'appelait. Mais il n'y avait personne. Puis je l'ai entendu dire qu'il m'aimait. Il m'a dit : "Vis ta vie jusqu'à ce qu'elle soit vraiment terminée !" Depuis, je parviens mieux à m'accommoder de sa disparition. »

Il est aussi très fréquent de *rêver de la personne décédée* ; ces rêves n'ont rien à voir avec ceux par lesquels nous retravaillons notre vécu quotidien : ils sont perçus comme une rencontre véritable avec un défunt, et on ne les oublie pas. Celui qui a déjà fait cette expérience a l'impression non seulement d'avoir bien rencontré le défunt, mais aussi d'avoir approché l'au-delà. Dans ces rêves, nombre de gens ont des expériences extracorporelles par lesquelles ils ont un aperçu de l'au-delà.

Le célèbre médium américain John Edward écrit à propos de ces visions de l'au-delà :

« Je les [les guides spirituels, *N.d.A.*] ai amenés à me donner un bref aperçu de l'au-delà : ce que j'ai vu est en totale concordance avec ce qui est écrit à propos de notre existence spirituelle. Une fois, j'ai eu l'image d'une échelle, pour m'indiquer que dans l'au-delà il s'agit pour nous de continuer notre progression. Une autre fois, j'ai vu un campus universitaire : une rangée de grands bâtiments avec d'imposantes colonnes, dont le plus grand s'appelait la "salle du savoir". Je ne pense pas qu'il faille le prendre à la lettre, mais plutôt comme le symbole d'une forme d'existence dans laquelle notre tâche est de franchir une étape après l'autre[1]. »

Notre existence physique actuelle n'est qu'un bref séjour au cours de notre voyage psychique vers des régions supérieures du Divin. Les rêves nous rattachent au monde des morts : d'innombrables personnes en témoignent. Dans ces rêves, les défunts sont toujours perçus comme étant en pleine santé et en pleine intégrité physique, tels qu'ils étaient aux meilleures périodes de leur vie. Une femme m'a écrit :

« Mon fils est mort dans un accident de voiture dans lequel il a été grièvement mutilé. Cette mutilation me traumatisait, jusqu'à ce qu'il m'apparaisse en rêve. Il était d'une beauté surnaturelle ; il portait un jean noir et un T-shirt rouge. Il venait en courant vers moi, et ses yeux rayonnaient d'une lumière enveloppante. Il m'a dit en pensée qu'il était heureux où il se trouvait. Ce qui m'a le plus étonné, c'est que son corps était totalement intact. Il ne présentait aucune blessure. Ensuite, j'ai pu me débarrasser de mes angoisses et j'ai su qu'il allait bien. »

Les *phénomènes électriques* de toutes sortes sont aussi très fréquents : des ordinateurs fonctionnent sans intervention humaine et envoient des messages

---

1. Edward (John), *One Last Time. A Psychic Medium Speaks to Those We Have Loved and Lost* (*Une dernière fois. Messages des médiums en provenance de l'au-delà*), New York, Berkley, 1998.

étranges, des lumières s'allument et s'éteignent pour attirer l'attention sur la présence d'un mort, la radio se met en marche, comme commandée par la main d'un esprit, au moment où passe le morceau préféré d'un défunt, etc. De nos jours, les morts se servent de plus en plus des possibilités qu'offrent les techniques actuelles. En voici deux exemples actuels :

« Dix jours après la mort de sa femme, Peter a reçu un SMS de sa part ! Le message était à la lettre le suivant : "Nous restons ensemble, mais je n'ai pas d'adresse. Tu ne peux pas me suivre. Rita." Peter a alors appelé son opérateur pour vérifier d'où provenait le message. Il s'est avéré qu'il n'y avait aucun opérateur d'où pouvait provenir le SMS ! »

Une femme infirmière en soins intensifs m'a écrit :

« Il y a peu de temps, une femme de quatre-vingt-dix-huit ans en stade préterminal est arrivée dans notre service. Sa fréquence cardiaque était très faible, elle était mourante. J'ai communiqué par la pensée avec elle, jusqu'à ce que sa petite-fille vienne et reste auprès d'elle. Elle est morte à 2 h 40 en présence de sa petite-fille. À ce moment, je me trouvais au poste central, en train d'imprimer des résultats de laboratoire. Soudain, il y a eu un message d'erreur, et, au même moment, une collègue est entrée pour m'avertir que la vieille dame venait de mourir. Nous avions un problème, parce qu'à cause du message d'erreur je ne pouvais pas sortir la vieille dame du listing des

271

patients. J'ai donc appelé le service technique : on m'a dit que la défunte avait déjà été sortie des listes ! Pourtant, aucun d'entre nous n'avait effectué l'opération ni demandé à quelqu'un de le faire. Ma collègue a pensé que la patiente l'avait fait elle-même. Je me suis demandé si je devais la remercier. Pour moi, j'ai peine à comprendre comment une femme de quatre-vingt-dix-huit ans a pu se servir d'un PC. »

Notons à ce propos que les morts envoient de très nombreux signes symboliques. Il est alors important qu'il existe un lien avec le défunt. Certains éléments indiquent que les signes sont souvent transmis par le biais des animaux. Dans d'autres cas, une personne ouvre « par hasard » un livre qui contient une carte postale du défunt. D'autres encore voient des phénomènes naturels aux causes inexplicables, par exemple un arc-en-ciel au mois de décembre. Les papillons sont souvent perçus comme le symbole de la renaissance et de la présence d'un défunt.

« Mon mari est mort d'un cancer le 2 février 2007. Lors de son enterrement, le 9 février, l'une des rares journées froides de cet hiver-là, sa dépouille a été exposée sur un catafalque à l'église pendant l'office d'enterrement. Pendant la messe, le soleil a fait son apparition, un rayon a éclairé juste son cercueil. Dans cette lumière se trouvait un magnifique papillon blanc qui s'est posé sur le cercueil et y est resté jusqu'à la fin de la messe. Je ressentais une chaleur intérieure bienfaisante, un sentiment de protection, l'impression que tout allait mieux. Mes amis et mes proches ont ressenti exactement la même chose. Je suis très reconnaissante pour ce signe de sa présence. »

Les animaux dans l'au-delà

Comme on me demande sans cesse si les animaux survivent eux aussi à la mort, je souhaite m'exprimer brièvement sur ce point. Je dois dire tout d'abord que je n'ai pour ma part jamais eu d'animaux, parce que je suis tout le temps en voyage. Les expériences avec des animaux morts sont rapportées dans toute la littérature médiumnique, dans les EMI mais aussi, de manière particulière, dans les contacts *post mortem*.

En principe, pour les animaux aussi, la mort n'est qu'un passage dans une autre forme de l'être. Par son amour, une personne reste liée à son animal de compagnie. Dans les informations transmises aux médiums par les morts sur le monde spirituel, il est souvent question d'animaux domestiques morts. Les animaux ont une personnalité et une conscience propre qui, si elle ne comporte pas de réflexion sur soi-même, est néanmoins portée par une âme collective (l'espèce, la race de l'animal). Je suis quant à moi convaincu que dès que l'étincelle d'esprit qui donne la vie entre dans un animal, cette étincelle ne peut être éteinte, qu'il s'agisse d'un chien, d'un hamster ou d'un poisson rouge.

Pour beaucoup, la mort d'un animal domestique est une expérience douloureuse et déconcertante. Contrairement aux hommes, les animaux ont le pressentiment de leur nature spirituelle. Cette conscience leur permet de considérer la vie et la mort comme un cycle naturel infini. Pour un animal, la mort du corps n'est pas perçue comme effrayante ; ils acceptent la vieillesse et la mort. Les liens affectifs avec ses maîtres peuvent par ailleurs conduire un animal à s'accrocher à une existence qui ne lui donne plus que de la souffrance au lieu de franchir le pas. Parfois, les animaux décident de mourir en l'absence de leurs maîtres pour leur épargner cette peine. Pour ceux qui souhaitent explorer plus précisément ce sujet, je recommande la lecture du livre *Parlez aux animaux : communication télépathique entre espèces*, de Pénélope Smith, qui est spécialisée dans la communication avec les animaux. Ce livre explique très en détail la manière dont les animaux vivent leur mort et trouvent leur chemin vers la lumière. Les liens entre les hommes et les animaux se perpétuent dans l'au-delà.

Lorsque l'on comprend que la mort n'est pas la fin de tout mais un passage sur le chemin de notre élévation spirituelle, on peut établir un contact spirituel avec un animal mort, dès l'instant que l'on n'a pas sa propre conscience bloquée face à ce type de contacts. Martha regrettait la perte de son chat Smokey ; elle a demandé à Sue Becker, spécialiste de la communication avec les animaux, de le contacter :

« Smokey m'a dit que, depuis son départ, il était assez souvent auprès de Martha et qu'il faisait de son mieux pour la soutenir dans son quotidien et dans son deuil. Il lui a dit qu'ils se rencontreraient surtout la nuit dans son sommeil, et qu'elle se rappellerait les rencontres comme si c'étaient des rêves, bien que les rêves dont elle se souvenait fussent plutôt des souvenirs décousus de ses rencontres[1]. »

Dans les contacts *post mortem* avec des animaux, il s'avère que les phénomènes vécus sont les mêmes que lors des contacts avec des défunts. Voici un récit à ce propos :

« Plusieurs semaines après, je pleurais toujours la disparition de mon perroquet ; j'ai été réveillée par une lumière blanche scintillante. Aucune lampe n'était allumée dans ma chambre et je n'étais pas en train de rêver. Jusque-là, je n'avais entendu parler de ces lumières que dans les récits d'EMI. J'ai cligné des yeux et je me suis cachée sous ma couverture, mais la lumière ne disparaissait pas. Malgré mes convictions sceptiques et étrangères à la spiritualité, il m'était impossible d'ignorer le phénomène – ni sa répétition les nuits suivantes. Au bout d'un moment, la lumière est devenue pour moi une consolation[2]. »

À un homme qui a eu plusieurs chats au cours de sa vie, il est arrivé la chose suivante durant une EMI :

« Après avoir quitté mon corps, je flottais directement dans cette lumière douce et claire qui m'inondait d'amour. Soudain, mon chat Jonas, mort cinq ans

---

1. Smith (Penelope), *Parlez aux animaux : communication télépathique entre espèces*, Ville-la-Grand, Vivez Soleil, 1996.
2. *Ibid.*

auparavant, est arrivé vers moi en courant. Il m'a salué comme pour me dire qu'il m'attendait depuis longtemps. Je me souviens que des périodes de ma vie sont apparues devant mon œil spirituel, puis tout à coup je me suis retrouvé dans mon corps. J'ai perdu toute peur de la mort : je sais que je reverrai enfin mes chats bien-aimés. »

Le médium Gordon Smith a émis l'hypothèse que les animaux domestiques, par leurs liens étroits avec les hommes et par l'amour que ceux-ci leur donnent, développent plus leur personnalité et leur individualité que les autres espèces. Dans ses séances, il a appris que les animaux survivent à leur mort et nous attendent au moment de notre passage. Une de ses expériences personnelles est très frappante : Gordon a dû faire piquer Elsa, sa vieille femelle labrador. Le soir même, au cours d'une démonstration en public, il a vu à sa grande surprise un chien à côté d'une dame dans l'assemblée (c'était le chien qu'elle avait fait piquer quelque temps auparavant) :

« J'ai dit à cette femme que son compagnon bien-aimé l'attendait sagement dans l'au-delà, qu'il était à nouveau en bonne santé et plein de vie, alors que je venais moi-même de subir cette épreuve de devoir dire adieu à un animal aimé. À ce moment-là, la femme a reçu un message de sa mère dans l'au-delà, lui disant qu'elle avait fait ce qu'il fallait pour l'animal, qui souffrait beaucoup, tout comme Elsa. Le *timing* des êtres spirituels est assez stupéfiant, n'est-ce pas[1] ? »

1. Smith (Gordon), *op. cit.*

La signification de l'au-delà pour notre vie

L'exploration scientifique de la conscience et de la vie après la mort n'en est qu'à ses débuts. Bien que l'on ait empiriquement établi depuis les débuts de l'humanité ce qui se passe au moment de la mort et ce qui arrive à l'homme tout de suite après, la découverte et la compréhension scientifique de ce savoir constituent un processus long et difficile, qui doit surmonter d'énormes résistances. L'image de l'homme qui domine les sciences à l'heure actuelle voudrait que la conscience résulte de processus biochimiques dans le cerveau et qu'elle sombre dans le néant avec la mort.

Il est pourtant avéré que l'identité personnelle de l'homme, avec ses sensations, sa vision du monde et ses sentiments, ne peut s'expliquer seulement par les activités neuronales ou chimiques du cerveau : ces éléments sont en effet de nature essentiellement spirituelle. Tout ce qui n'est pas explicable pour les scientifiques et tout ce qui ne peut être reproduit, mesuré et enregistré en conditions de laboratoire est exclu de la recherche. La mort de l'homme et l'au-delà font partie de ces domaines. Médecins et psychologues essaient souvent à tout prix d'expliquer rationnellement les EMI par un manque d'oxygène dans le cerveau, par des hallucinations ou par la libération d'endorphines. Même la vision de la lumière au bout du tunnel, qui provoque des changements de personnalité, n'est pour eux qu'un réflexe du nerf optique qui se répercute sur l'œil.

Par scepticisme personnel ou par angoisse face aux phénomènes indéniables qui se produisent au moment de la mort et lors des contacts avec les défunts, bien des gens refoulent leur réalité ou leur existence. Pourtant, les découvertes récentes de la thanatologie présentées dans ce livre démontrent que l'homme est bien plus qu'un paquet de cellules nerveuses et que la conscience existe indépendamment du corps. L'homme est par essence un être spirituel.

La certitude que la vie continue après la mort bouleversera durablement notre société, même si cette mutation est très lente. Il est grand temps pour nous d'intégrer dans notre quotidien les connaissances actuelles sur la mort et sur ce qui vient après. Nous avons le choix de continuer de refouler la mort et d'en faire un tabou, ou bien d'améliorer ici et maintenant la qualité de notre vie en parvenant à surmonter notre peur fondamentale face à la mort.

L'avancement spirituel de l'âme après la mort est un fait universel, soumis aux mêmes lois de l'esprit que pendant la vie sur terre. Celui qui s'efforce de grandir sur le plan psychique et spirituel et qui comprend que les pertes et les changements inévitables de la vie sont une chance pour progresser, celui-là n'a peur ni de la vie, ni de la mort, ni de ce qui vient après la mort. Pour cela, le ressort essentiel est de savoir que chacun est responsable de ses pensées, de ses actes et de ses paroles.

Les récits de l'au-delà montrent que toute âme doit faire face aux images de sa propre vie et se regarder elle-même sans faux-semblants. Toutes les actions, toutes les paroles avec leurs conséquences sur le cours de sa vie et de celle des autres ne sont rien d'autre que les effets de nos pensées, qui possèdent une force créatrice. Bien des gens méconnaissent la vraie nature de leurs pensées et sous-estiment leur puissance : par elles, nous produisons non seulement notre propre réalité actuelle, mais aussi celle de l'au-delà. Nous faisons dans la vie exactement ce que nous pensons au plus profond de nous. À travers le principe fondamental de l'attraction, l'univers réagit aux pensées auxquelles nous nous attachons.

C'est là la clé essentielle pour comprendre notre propre vie : celui qui donne des pensées d'amour, de joie et de bien-être recevra justement tous ces bienfaits. Celui qui par sa pensée engendre la haine, la peur, la rage ou la colère fait entrer cette négativité dans sa propre vie. La loi de la cause et de l'effet, exprimée dans la Bible par la formule « Ce que tu sèmes, tu le récoltes », est aussi la loi de l'éternité, à laquelle chaque âme est soumise. Hermès Trismégiste a formulé cette vérité dans l'expression suivante : le semblable attire le semblable. Tous les récits de l'au-delà confirment cela.

Les différents états de conscience des défunts reflètent leurs propres pensées, qui sont de nature limitée ou illimitée. Si Frances Banks (voir p. 217), après avoir longtemps souffert d'un cancer, s'est réveillée dans le monde spirituel dans une maison de repos tenue par l'ordre de sœurs où elle avait passé quarante ans de sa vie terrestre, c'est que cette image correspondait à l'idée qu'elle se faisait du sentiment de protection. Pour s'habituer peu à peu à cette autre forme de l'être, les défunts sont placés dans un environnement qui leur est familier. L'âme nouvellement arrivée doit se sentir bien ; le monde est constitué de ses pensées.

L'entrée dans l'autre dimension provoque l'étonnement et le respect ; dans les récits dont on dispose, elle est décrite comme une expérience extraordinairement positive et joyeuse. Les défunts ont un corps spirituel subtil, qui est une image de leur corps terrestre correspondant à son aspect aux meilleures époques de la vie. Hormis pour les âmes en peine qui fuient devant la lumière, ou celles qui n'ont pas compris qu'elles étaient mortes, la mort est vécue comme une expérience relaxante, abordée sans peur et avec un sentiment de bonheur. L'âme passe dans un monde de totalité intemporelle ; tous les soucis, toutes les peines et les douleurs disparaissent. Sur le chemin de l'éternité, aucune âme ne s'égare – il n'y a ni punition ni damnation éternelle ! Même une âme dans l'état de conscience le plus bas possible finit par trouver le chemin vers la lumière.

Le développement de l'âme jusqu'à sa fusion en Dieu s'accomplit en quatre phases principales :

1) *Après son arrivée, l'âme se trouve dans le monde des souhaits.* Le défunt est alors accueilli par des proches et des personnes qui l'ont précédé dans la mort. Dans toutes les sources, ces retrouvailles sont décrites comme un moment de joie extatique. Les défunts éprouvent un bonheur inconnu jusqu'alors, parce qu'ils sont entourés de tous ceux qu'ils ont aimés dans leur vie et à qui ils avaient dû dire adieu. Les retrouvailles font partie de la phase d'acclimatation : la plupart des gens se

rendent alors compte qu'ils n'arrivent pas dans un endroit totalement étranger mais retournent dans leur propre pays.

« Je suis arrivé dans un endroit où se trouvaient tous mes proches, ma grand-mère, mon grand-père et un oncle qui s'était suicidé peu avant. Tous sont venus vers moi pour me saluer. Mes grands-parents étaient tout de blanc vêtus, avec une capuche sur la tête. Ils paraissaient tous les deux en meilleure santé que la dernière fois que je les avais vus, ils étaient très, très heureux[1]. »

Après ces salutations, le défunt entre dans la lumière. Le sentiment de « rentrer chez soi » ou de « déjà connaître ce lieu de beauté », ce sentiment d'y être « dans son pays », ces impressions de « protection, de lumière et d'amour », tout cela a été confirmé dans de très nombreux récits d'EMI, dans les comptes rendus de séances de régression et dans les récits des médiums.

Les descriptions des paysages, des bâtiments, de l'architecture du monde spirituel doivent être tenues pour des peintures individuelles de l'au-delà, propres à chaque personne. Chaque âme se sent attirée vers le niveau de compréhension qui correspond à sa conception personnelle du ciel. C'est le cas notamment au niveau d'orientation : c'est là que les défunts doivent peu à peu s'habituer à leur nouvel environnement. Et malgré cette expérience personnelle et la production d'un monde à

---

1. Zaleski (Carol), *op. cit.*

partir des propres pensées du défunt, les récits dont on dispose aujourd'hui parlent en même temps d'un monde objectif dans l'au-delà.

Il semble peu probable que l'on puisse transcrire ces expériences en images ou en représentations humaines. Dans son développement, plus l'âme s'émancipe de ses désirs terrestres, plus elle s'éloigne aussi des choses matérielles. Un examen plus attentif a montré, à travers les descriptions présentées dans ce livre, que la structure de l'au-delà est constituée d'une matière subtile, différente des représentations matérielles terrestres.

Gordon Smith relate une visite de son cousin Stephen, décédé à l'âge de dix ans, qui l'a emmené en voyage dans l'au-delà au cours d'une expérience extracorporelle :

« L'homme qui m'a guidé dans cette réalité modifiée a toujours été auprès de moi. Au début, il semblait avoir environ trente ans, mais quand j'ai été propulsé au niveau de la réalité spirituelle, je l'ai tout à coup perçu comme un enfant de dix ans. C'était mon cousin Stephen, qui était mort vingt ans auparavant. Stephen m'a emmené en voyage à travers une dimension de beauté spirituelle que je ne saurais décrire par des mots. Je sais seulement que je me suis trouvé en état de grâce. À partir de ce moment, j'ai compris la vie, l'amour et la beauté d'une manière que je n'avais jamais connue avant. Le sentiment que j'ai éprouvé dans cet état m'a totalement électrisé, je ne l'oublierai jamais de ma vie[1]. »

1. Smith (Gordon), *op. cit.*

Cet exemple est remarquable parce que le médium n'essaie même pas de sonder tous les détails de l'au-delà. Gordon le ressent comme une grâce, comme un cadeau, qui ne se laisse pas saisir par les mots humains. C'est surtout sur ce point qu'il faut insister, sinon on donnerait l'impression que la vie terrestre se poursuit après la mort sans aucun changement. En réalité, toutes les descriptions de l'au-delà correspondent à l'état de conscience de chaque défunt.

L'au-delà est un monde de pensées, où tout ce qui est pensé se manifeste immédiatement. Tous les phénomènes, au lieu d'être formés de matière, sont l'expression des formes de pensées. Même les sentiments personnels du sujet produisent une atmosphère particulière, et le moindre changement d'humeur est apparent. Les manifestations extérieures reflètent ainsi les pensées les plus intimes d'une âme : l'environnement se constitue donc en fonction de ce dont l'âme croit avoir besoin.

Aucune âme n'est simplement délivrée de ses problèmes non résolus ou des mobiles de ses actions par la mort. Celui qui, sa vie durant, a travaillé à son progrès spirituel par le silence, la méditation ou la prière se rendra compte du caractère illusoire du niveau d'orientation beaucoup plus vite que quelqu'un qui tient le monde des désirs pour le ciel lui-même. Cela implique aussi que le libre arbitre se maintient après la mort. Comme l'espace et le temps n'existent plus, l'âme peut séjourner dans ce monde de satisfaction de ses désirs jusqu'à ce qu'elle aspire au progrès spirituel ou qu'elle décide de se réincarner en raison de ses désirs terrestres. J'ai parfois l'impression que de nombreuses âmes, dans leur évolution, n'ont pas dépassé le niveau des désirs.

2) *Tous les défunts entrent tôt ou tard dans la phase du souvenir, au cours de laquelle ils sont confrontés à leur vie passée, à ses effets et ses conséquences sur eux-mêmes et sur les autres.* Les EMI attestent de ce processus de plusieurs manières. La vision rétrospective de la vie, parfois désignée comme un tribunal, est un événement universel, indépendant des cultures, des religions ou des idéologies. Toutes les religions croient en un tribunal après la mort. Les contacts *post mortem* et les récits des médiums mentionnent très clairement la demande de pardon de la part du défunt. De tous ces éléments, on peut conclure que chacun, par ses pensées et ses actions, construit déjà sa place à venir dans le monde spirituel.

Cette vérité est d'une extrême importance pratique pour notre vie actuelle. Nous produisons notre destin par nos pensées. Nous savons que nous serons confrontés aux conséquences de nos actes. Qu'est-ce qui nous empêche en fait de prendre à bras le corps, ici et maintenant, toutes les choses non réalisées de notre vie et de nous libérer de leur charge oppressante ? Pourquoi nous accrochons-nous à nos anciennes blessures, à nos anciennes relations, qui appartiennent au passé ? Pourquoi ne pouvons-nous pas nous libérer de la peur, de la rage, de la haine ou de la culpabilité, de toute la gamme des sentiments négatifs ? Si nous mettions cette vérité en application, nous pourrions nous libérer de bien des peines et des douleurs.

Dans sa vie quotidienne, l'homme a deux possibilités : l'amour ou le manque d'amour ; ce dernier comprend toutes les émotions négatives des hommes, qui entraînent toujours la souffrance, la douleur, le meurtre, la guerre, etc. Le choix entre l'amour et le manque d'amour contient sans doute la leçon la plus difficile que nous devions apprendre sur terre : accepter les choses telles qu'elles sont, non telles que nous aimerions qu'elles soient. Chaque perte, avec la douleur qui en résulte (la mort, le chômage, la perte d'argent, etc.), est une occasion qui nous est offerte de nous élever. Celui qui accepte sa douleur et la surmonte devient ensuite un autre homme. Celui qui reste enfoncé dans la rage, la haine, la colère, ne peut s'en libérer qu'à partir du moment où il parvient à accepter son destin inévitable. La vie n'est que changement, elle obéit aux lois de l'éphémère.

Celui qui vit dans l'instant présent cesse de redouter le passé et l'avenir. Il se situe dans le cours des choses et n'a plus peur de sa vie. Le soir, réfléchissez à votre journée ; si vous avez le sentiment d'avoir été injuste ou d'avoir blessé quelqu'un, réglez ce problème tout de suite ! Quel sens cela a-t-il d'avoir vexé une voisine, peut-être pour des années, par une remarque involontaire sur son apparence ? Tout ce que nous n'avons pas réglé devient pour nous un poids dans le monde de l'au-delà ; nous ne pouvons poursuivre notre progression spirituelle qu'après avoir fait place nette.

3) *Dans la phase d'acclimatation (le niveau d'orientation), le défunt apprend peu à peu à se libérer de ses désirs terrestres.* Il se tourne progressivement vers les aspects plus élevés de sa vie spirituelle, ce qui lui permet de voir le caractère illusoire de cette phase de son existence après la mort. En se souvenant de leur vie passée, certaines âmes parviennent à surmonter leurs limites personnelles et développent le besoin de progresser dans leur évolution spirituelle. Lorsque l'âme est prête à se défaire des derniers restes de ses désirs terrestres et à se débarrasser de son petit *ego*, elle s'élève dans les sphères supérieures de la Lumière.

4) *Dans ce monde de pensées pures, l'âme aperçoit le déroulement de l'ensemble de son évolution ; elle se lie à la totalité du savoir.* Sa conscience s'affine et s'élargit, si bien qu'elle est en mesure de saisir des fragments de la mémoire du flux infini de l'expérience humaine. L'âme a appris que de tous temps et à travers toutes ses incarnations, elle est toujours en contact et en harmonie avec les siens. Toute séparation est abolie et le défunt appartient à présent à la fraternité de l'esprit unique.

Au cours d'une EMI, Lisa Marie a rencontré le groupe d'âmes auquel elle appartient, ce qui a été pour elle une expérience d'une félicité indescriptible :

« La chose suivante dont je me souvienne est que je me trouvais ailleurs. Je ne me rappelle pas l'endroit où je suis arrivée. La lumière avait disparu ; j'étais entourée d'autres êtres ou d'autres personnes, que j'avais le sentiment de connaître. Ils étaient comme une famille ou de vieux amis que je connaissais depuis toujours. La meilleure façon de les décrire, c'est de parler d'une famille spirituelle. Pour moi, les rencontrer, c'était comme de retrouver après une longue séparation les personnes qui ont le plus compté dans ma vie. Lorsque nous nous sommes revus, ça a été une explosion d'amour, d'affection et de joie. Ils communiquaient avec moi et entre eux par télépathie. Nous parlions sans mots, directement d'un esprit à l'autre, d'une âme à l'autre. Aucun d'entre nous n'avait de corps. Nous étions tous constitués d'une substance inconnue, une concentration de pure lumière, comparable à des points lumineux au milieu de la lumière. Chacun saisissait clairement les pensées de tous les autres. Il n'y avait aucun moyen, mais aussi aucune raison, de cacher quoi que ce soit aux autres. Cette forme de compréhension rendait impossible tout malentendu, d'où un fort sentiment de cohésion, un sentiment indescriptible. Nous étions des individus, mais en même temps nous formions tous une unité, tenue ensemble par les forces indestructibles de l'amour. Le temps que j'ai passé avec ma famille spirituelle m'a paru durer une éternité. Le temps à proprement parler n'existait plus, pas plus que l'espace. Il n'y avait là que de l'être pur[1]. »

---

1. www.nderf.org

Cette simultanéité et cette union cosmique avec la totalité de l'univers, l'âme les éprouve comme pure pensée, libérée du corps et de toutes les limites. Par son humilité, son amour sans condition et son dévouement, elle entre en accord avec sa véritable nature spirituelle. Elle acquiert la certitude que chacun comprendra un jour tous les secrets de l'univers et la cause de toutes les douleurs.

Dans l'une des plus belles EMI, Mellen-Thomas Benedict raconte sa fusion en Dieu :

« Et lorsque j'ai rencontré cette Lumière, c'est comme si je me dissolvais. J'ai alors compris que j'étais arrivé au big-bang. C'était la Lumière primitive, et je volais à *travers* le big-bang ! Je volais à travers cette membrane et entrais dans ce que l'on appelait dans l'Antiquité le *vide*, je crois. J'avais tout à coup conscience de tout ce qui a été créé de toute éternité. C'était comme si je voyais par le regard de Dieu. J'étais devenu Dieu. Je n'étais plus moi-même. La seule chose que je peux dire, c'est que je regardais avec l'œil de Dieu. Soudain, je savais la raison de l'existence de chaque atome, je pouvais tout voir. Je ne sais pas combien de temps je suis resté dans cet espace. Je sais qu'il s'est passé quelque chose de très profond[1]. »

Cette union avec Dieu, telle qu'elle a été décrite par Mellen-Thomas Benedict, est le but de tout être. Nous sommes tous issus de cette source éternelle. Toutes les choses sont liées entre elles en un réseau d'unité cosmique. Tout, dans

---

1. Ring (Kenneth), Elsaesser-Valarino (Evelyn), *op. cit.*

l'univers visible et invisible, renvoie à la présence immanente de Dieu qui, par Sa lumière et Son amour, est à l'origine de tout être. Nous ne sommes donc jamais séparés de Dieu, car nous sommes Sa manifestation. Ainsi, nous sommes les créateurs de notre propre monde par la force de nos pensées.

Par son origine, chaque âme porte la marque de la lumière, de l'amour, de la bonté, de la sagesse, de la joie, de la paix et de la créativité. Toutes ces propriétés sont donc en chaque homme, et notre devoir est de faire vivre et de réaliser sur terre ces qualités spirituelles. C'est pourquoi il est primordial d'apprendre des circonstances de sa vie et d'intégrer les nouvelles expériences – c'est en effet ce qui permet à notre âme de mûrir et de grandir. Toute la connaissance de ces vérités est déjà dans l'essence de chaque homme, car nous provenons tous de cette unité totale : toute partie contient aussi le tout. À mesure que son âme grandit, l'homme devient l'architecte de sa propre vie : il vit de la joie, de l'amour du prochain et de la connaissance de sa liaison avec tous les êtres.

Nous sommes tous une partie de l'Esprit divin dont provient toute vie. L'âme ne cesse de s'approcher de la richesse, de la force et de l'incommensurable amour de Dieu, jusqu'à se fondre en Lui, tout en restant l'individualité qu'elle a toujours été.

Nous ne mourons jamais, et dès à présent, nous participons à la vie éternelle ! Nous n'avons pas à craindre les retournements du sort : nous sommes protégés et emportés par la Lumière divine, dont l'étincelle est vivante en chacun de nous. Tout ce dont nous avons besoin pour une vie réussie, c'est de nous fier à Dieu.

TABLE

Achevé d'imprimer par N.I.I.A.G.
en septembre 2009
pour le compte de France Loisirs, Paris